Zahui Hervé Kouoto

Mon Eglise ! Une épouse... sans tâches ni rides

Zahui Hervé Kouoto

Mon Eglise ! Une épouse... sans tâches ni rides

Une Epouse selon ma volonté

Éditions Croix du Salut

Impressum / Mentions légales
Bibliografische Information der Deutschen Nationalbibliothek: Die Deutsche Nationalbibliothek verzeichnet diese Publikation in der Deutschen Nationalbibliografie; detaillierte bibliografische Daten sind im Internet über http://dnb.d-nb.de abrufbar.
Alle in diesem Buch genannten Marken und Produktnamen unterliegen warenzeichen-, marken- oder patentrechtlichem Schutz bzw. sind Warenzeichen oder eingetragene Warenzeichen der jeweiligen Inhaber. Die Wiedergabe von Marken, Produktnamen, Gebrauchsnamen, Handelsnamen, Warenbezeichnungen u.s.w. in diesem Werk berechtigt auch ohne besondere Kennzeichnung nicht zu der Annahme, dass solche Namen im Sinne der Warenzeichen- und Markenschutzgesetzgebung als frei zu betrachten wären und daher von jedermann benutzt werden dürften.

Information bibliographique publiée par la Deutsche Nationalbibliothek: La Deutsche Nationalbibliothek inscrit cette publication à la Deutsche Nationalbibliografie; des données bibliographiques détaillées sont disponibles sur internet à l'adresse http://dnb.d-nb.de.
Toutes marques et noms de produits mentionnés dans ce livre demeurent sous la protection des marques, des marques déposées et des brevets, et sont des marques ou des marques déposées de leurs détenteurs respectifs. L'utilisation des marques, noms de produits, noms communs, noms commerciaux, descriptions de produits, etc, même sans qu'ils soient mentionnés de façon particulière dans ce livre ne signifie en aucune façon que ces noms peuvent être utilisés sans restriction à l'égard de la législation pour la protection des marques et des marques déposées et pourraient donc être utilisés par quiconque.

Coverbild / Photo de couverture: www.ingimage.com

Verlag / Editeur:
Éditions Croix du Salut
ist ein Imprint der / est une marque déposée de
OmniScriptum GmbH & Co. KG
Heinrich-Böcking-Str. 6-8, 66121 Saarbrücken, Deutschland / Allemagne
Email: info@editions-croix.com

Herstellung: siehe letzte Seite /
Impression: voir la dernière page
ISBN: 978-3-8416-9857-5

Copyright / Droit d'auteur © 2015 OmniScriptum GmbH & Co. KG
Alle Rechte vorbehalten. / Tous droits réservés. Saarbrücken 2015

Mon Église ! Une épouse... sans tâches ni rides.

Sommaire

Avant Propos	03
Tâches et rides	04
Vous souciez-vous de la nourriture de votre corps ?	05
Quelle Église sera mon Épouse ?	07
De quelle Église êtes-vous ?	09
A qui s'adressent les prières de délivrances ?	12
Les Démons, les Anges et le Chrétien.	17
Comment prier.	21
Dîme !!! Dois-je toujours la payée ?	24
Quoi offrir à mon DIEU ?	28
Comment comprenez-vous le mariage et la sexualité ?	33
Les scandales à l'Église.	37
L'autorité de la femme dans ma maison.	39
Mon berger.	42
Votre contrat divin.	46
Qui suis-tu mon troupeau ?	49
Les Écritures gardiennes de sa loi.	55
Quel usage faites-vous de la parole	57
Avez-vous son Esprit ?	62
Quel feu brule en enfer ?	64

Qui inviterez-vous au mariage ?	67
Église ! M'aimes-tu ?	69
Le jour du mariage.	70

Avant Propos

La marche avec l'Éternel des Armées est l'une des choses les plus merveilleuses que je ne cesse d'expérimenter. Cette marche demande bien de sacrifices de part et d'autre. DIEU Ayant été le premier à se sacrifier pour nous, **Jean 3 : 16**. Au-delà de cette marche, il espère une relation. Un mariage ! Jésus pendant son séjour sur terre, n'a cessé de comparer l'Église, son Église, à une épouse. Pour nous montrer le genre de relation qu'il souhaite avec nous et aussi l'intérêt qu'il nous porte. Il se veut une épouse sans tâches ni rides. Une épouse parfaite. Est-ce possible d'être parfait sur terre ? Oui ! DIEU de par le Saint Esprit a bien voulu me révéler certains actes que nous posons qui donnent des rides à notre peau et mettent des tâches sur notre robe. Aussi, il m'a plu de vous les partager au travers de ces quelques lignes qui s'adressent en premier à la fiancée du Seigneur que vous êtes, vous qui avez accepté de lui consacrer votre vie, puis à celle qui voudrait le devenir mais hésite encore. Puisse l'Époux nous aider à comprendre sa volonté afin de nous préparer et réjouir son cœur quand nous nous présenterons à lui. Que le Saint Esprit vienne nous assister dans notre lecture pour que nous comprenions le message qu'il désire faire passer au travers de cet ouvrage.

La version de la bible utilisée est la traduction du Docteur Louis SEGOND. Au cas contraire la version vous sera signifiée.

Shalom et bonne lecture

Tâches et rides

Une tâche sur un vêtement blanc peut être désagréable mais négligeable si cela reste invisible aux yeux de tous. Une tâche visible sur une robe de mariée au jour de son mariage indisposera les mariés. Quand aux rides, avec les maquillages elles peuvent être cachées. Malheureusement, pour l'épouse qui aspire au mariage avec le Saint des saints, elle doit paraitre sans tâches ni rides. L'Église qui est l'épouse ne se désole pas de voir sa robe tâchée et paraitre avec des rides au jour de son mariage avec le Roi des rois, le Saint des saint. Et avance pour s'excuser que l'homme n'est pas parfait, ou encore qu'il est impossible d'être parfait si nous vivons dans ce monde actuel. Faisant avec de telles excuses DIEU trop exigeant ou menteur. La Bible dit que nous sommes à l'image et selon la ressemblance de DIEU (**Genèse 1 : 26 – 27**). Donc parfait par essence (**Philippiens 3 : 15**), parce que DIEU est l'expression inexprimable de la perfection. Les premiers prétendants à ce mariage ne se sont pas souillés avec des rides et des tâches quelconques pourtant persécutés et tués (**I Rois 19 : 18**). Leur époque était difficile car, ils n'avaient ni le Saint Esprit en permanence avec eux, ni un intercesseur auprès du Père pour défendre leur cause. Nous avons bien plus au contraire le Saint Esprit en nous (**II Timothée 1 : 14**), un intercesseur qui plaide notre cause jour et nuit auprès du Père (**Hébreux 7 : 25**), et en bonus celui qui pouvait nous accuser n'a plus accès auprès de DIEU (**Apocalypse 12 : 10**). Avec tout ceci quelles excuses avancerez-vous pour justifier vos tâches et vos rides quand vous vous présenterez pour le mariage ?

Les rides de la peau peuvent être traitée, réduites et même disparaître si nous usons moins notre corps et veillons à avoir une alimentation saine. Quelle est votre alimentation ?

Vous souciez-vous de la nourriture de votre corps.

DIEU s'est toujours soucié de l'homme. Même des choses que nous pouvons juger des plus banales, telle notre alimentation. Depuis Adam jusqu'à nous, DIEU a toujours donné des directives concernant notre alimentation, nous interdisant de consommer le sang parce que l'âme de l'être s'y trouve (**Genèse 9 : 3 – 4**). Sinon nous pouvons manger de tout ce qui se vend sur le marché pourvu qu'on le prenne avec conviction, action de grâce et que cela ne soit pas une occasion de chute pour notre prochain (**Romains 14 : 20 – 23**).

Pourquoi DIEU nous autorise maintenant à manger de tout, tandis que dans le passé il nous interdisait certains aliments à cause de leur impureté (**Lévitique 11 : 1 – 47**). Simplement parce qu'étant en Christ, nous sommes pures, et que ce qui entre dans notre bouche comme aliment ne peut nous souiller (**Matthieu 15 : 11**).

Toujours est-il bon de savoir que notre alimentation nous prédispose à une vie spirituelle saine. Le prophète Daniel nous donne un exemple sur son alimentation. Une alimentation faite à base de légumes, de fruits et de crudités, sans vin comme apéritif (**Daniel 1 : 8 – 17**). Le résultat est sans équivoque, Daniel est comparé à un dieu parce qu'il a compris le secret de l'alimentation. Pourquoi la médecine demande de consommer beaucoup de fruits, parce que les fruits sont très nutritifs pour le corps. Regardez, vous-mêmes quand vous voulez présenter des sujets qui vous tiennent à cœur vous prenez par moment des temps de jeûne dit « jeûne de Daniel ». Pourquoi, simplement parce qu'en plus d'avoir des valeurs médicales le régime végétarien renferme de grandes valeurs spirituelles.

Une mauvaise alimentation est souvent source de maladie or DIEU désire que nous prospérions et soyons en bonne santé (**3 Jean 1 : 2**). Si nous sommes malades nous ne pourront être d'aucune utilité pour le Seigneur, car nous serons invalides, un invalide peut-il se déplacer pour prier pour autrui, peut-il évangéliser, ou servir convenablement le Seigneur, nos économies serviront à payer nos frais médicaux ce qui toucherais à notre prospérité, or DIEU veut que nous soyons prospères à tous égards, et pour l'être commençons par veiller à notre alimentation. Celui qui fait de son alimentation, une alimentation végétarienne aura un corps sain parce qu'il s'évitera bon nombres de maladies virales dues aux animaux que nous consommons et n'aura plus à prendre « des jeûnes de Daniel » car son âme sera prédisposée à l'écoute du monde spirituel. De nos jours une telle alimentation est couteuse et n'est pas à la portée de tous.

Ainsi pour permettre à tous d'atteindre cette spiritualité, Christ permet que nous le consommions (**Matthieu 26 : 26 – 28**). Mais tous, sommes-nous prêts à partager ce repas avec lui. Christ en nous, nous permet de vivre dans notre état divin.

Le vin par contre n'est pas interdit à notre alimentation, seulement évitons les excès de table. Évitons de nous en enivrer (**Galates 5 : 21**). Quand nous regardons la conduite de Daniel face à son choix alimentaire, on constate qu'il refuse le vin. Parce que Daniel s'était consacré à son DIEU, l'Éternel des Armées. Or DIEU défend à tous ses sacrificateurs de consommer l'alcool pendant la durée de leur service dans le temple (**Lévitique 10 : 8 – 11**).

Timothée qui le sait si bien ne consomme pas d'alcool malgré son état maladif tout en sachant les bienfaits curatifs de l'alcool pour les maux abdominaux dont il souffre. Jusqu'à ce que Paul le lui demande expressément (**I Timothée 5 : 23**). Devrons-nous consommer l'alcool nous qui sommes en Christ, car il fait de nous des sacrificateurs pour DIEU, le père (**Apocalypse 1 : 6**). La réponse viendra de votre relation avec DIEU. Si nous pensons lui être consacré et des instruments entre ses mains, alors, non (**Nombres 6 : 1 – 4**). Parce qu'à tout moment il peut avoir besoin de nous pour manifester sa gloire dans la vie de notre prochain. Si nous-mêmes notre société nous interdit la consommation de l'alcool pendant nos heures de services, à combien plus forte raison le service du sacerdoce royal. Que nous mangions ou que nous buvions nous le faisons pour être utile à DIEU afin de le glorifier et le révéler à ce monde. Alors songeons à assainir aussi notre alimentation afin d'être cette épouse qu'il recherche.

Quelle Église sera mon Épouse ?

Qui peut prétendre être l'Église de DIEU, si DIEU ne l'appelle (**Jean 6 : 44**). De part ce verset, on peut soutenir que les membres de l'Église de DIEU sont sélectionnés, choisis au préalable. Donc on peut ne pas se sentir condamner si notre marche avec DIEU ne le glorifie pas, peut être que nous ne sommes pas choisis ! Ce raisonnement est-il juste ? Traduit-il la volonté exacte de DIEU le créateur ? Paul en s'adressant à Timothée nous donne un droit de réponse (**I Timothée 2 : 1 – 4**). Si le souhait de DIEU est que tous soient sauvés alors de quelle sélection parle-t-il ? Voyons l'origine de l'Église pour comprendre sa pensée. Pendant la création Adam et Ève faisaient la joie de DIEU, et DIEU se plaisait d'être en leur compagnie jusqu'au jour où ils péchèrent. Après leur époque, naquit Hénoch qui lui aussi fit la joie et les délices de DIEU. DIEU le prit avec lui pour ne pas qu'il se corrompe avec le péché (**Genèse 5 : 22 – 24**). C'est le premier homme qui ne connu pas la mort. DIEU eu alors le désir d'inculquer à l'homme ses pensées afin de préserver la création du mal, car le péché régnait en maître. Il ne pouvait détruire la création car il avait promis à Noé de ne plus le faire (**Genèse 9 : 8 – 17**). Comment pouvait-il donc sauver sa création. Son choix s'est porté sur Abram pour inculquer au monde la justice et la bonté du Créateur (**Genèse 12 : 1 – 4**). DIEU promet de faire d'Abram un peuple saint. Et toute personne qui croirait en lui, sera fils d'Abraham. Abraham mourut mais DIEU se souvient de son alliance qu'il réitère à Jacob son fils (**Genèse 28 : 12 – 15**). Jacob devient un peuple, et porte le nom Israël, ses douze enfants font les douze tribus d'Israël. A cause de la famine, Israël va et demeure plus de quatre cent ans en Égypte une nation qui adore des dieux étrangers (**Genèse 43 : 1 – 2, Genèse 46 : 1 – 27**). Israël pratique les croyances Égyptiennes parce que leurs pères sont morts sans laisser d'héritage concernant la manière d'adorer l'Éternel des Armées. DIEU choisit Moïse pour faire sortir Israël d'Égypte afin de se faire connaitre intimement à eux et leur confier le sacerdoce du culte céleste (**Exode 3 : 10**). Dans le désert pendant 40 ans, ils reçoivent de nouvelles cultures et une ordonnance sur la manière d'adorer

DIEU. Ils reçoivent aussi les directives sur la conduite à tenir concernant les peuples qui n'adoreraient pas l'Éternel des Armées (**Exode 34 : 12 – 16**). Une fois en terre promise, Israël s'est détournée de la voix de DIEU, vivant dans le péché et faisant ce qui lui déplait. DIEU voyant que son peuple se détournait promptement de ses voix et ne l'enseignait pas aux restes des hommes, décide de changer de stratégies, de méthodes. Il décide de se charger personnellement de l'éducation de son peuple (**Hébreux 8 : 10**).

Mais pour arriver à cela, il fallait poser un acte, ainsi tous le connaitrons. Par amour pour la création, il donne son fils afin de rétablir son alliance et avoir un peuple issu de Jésus Christ (**Jean 3 : 16**). Israël était le peuple choisit comme instructeur de la pensée de DIEU pour le reste du monde. Mais par leur endurcissement et rébellion, DIEU permit que chacun ait libre accès à sa loi (**Hébreux 8 : 11**). Pour que vous puissiez être enseigné de DIEU directement, il faut avoir son Saint Esprit. Mais avant, accepter le Christ et devenir enfant de DIEU (**Jean 1 : 12 - 13**). Cette Église issue des gènes du Christ qui pourra être son Épouse. Une Épouse choisit selon le dessein de DIEU. DIEU ne faisant acception de personne (**Actes 10 : 34**) et désirant sauver tout le monde, se tient encore à la porte et frappe (**Apocalypse 3 : 20**). De quelle Église serez-vous, celle d'Abraham ou celle de Jésus Christ ? L'Épouse qu'il s'est choisit depuis les temps anciens, c'est l'Église née de Jésus Christ. Pour savoir de quelle Église vous êtes, voyons quel gène spirituel vous constitue. Quel est votre ADN spirituel ?

De quelle Église êtes-vous ?

Bienaimé, puisse la grâce de DIEU nous assister dans la quête de notre réelle identité spirituelle. Une fois que nous saurons qui nous sommes, notre conduite dans la maison de DIEU changera. Mieux nous aurons une autre conception de notre vie. Suis-je enfant de mes parents biologiques ? A cette question, je pourrais répondre par l'affirmative sans hésiter. Mais puisque nous aspirons à devenir l'épouse de Christ, il est important de savoir qui est notre père spirituel. Abraham le père de la foi ? Ou DIEU le créateur de la foi ? Bon nombre d'enseignants nous disent que nous sommes enfants d'Abraham. Et ils n'ont pas, dans le fond, tord. Car DIEU a promis à Abraham de devenir le père d'une multitude (**Genèse 17 : 5**).

Ainsi toutes personnes qui croient que DIEU existent sont appelés enfants d'Abraham, qu'ils soient musulmans, catholiques, non convertis, etc. Et comme ils croient en DIEU, ils sont systématiquement héritiers des promesses de DIEU faites à Abraham (**Romains 4 : 13 – 17**).

Vous me direz que cette promesse ne concerne que les chrétiens ! Laissez-moi vous dire que non. Sinon pourquoi le non croyant prospère dans ces activités, pourquoi il a des jours heureux ? Pour mieux vous faire comprendre les choses, les musulmans adorent par l'intermédiaire de qui ? D'Abraham et des patriarches ! Ils croient en l'Éternel des Armées qu'ils appellent Allah. Donc Abraham est le père de tous ceux qui croient en DIEU. Mais cette sorte de foi n'envoyait pas les gens à considérer leur relation avec DIEU. La foi qu'avait Abraham en DIEU l'emmena à devenir son ami (**Jacques 2 : 23**).

DIEU en tissant alliance avec Abraham espérait avoir un peuple saint. Mais hélas, les gens prirent cette alliance à la légère et crurent que le fait d'être enfant d'Abraham leur octroyait tous les droits sur cette terre. Mais le prophète Jean Baptiste les ramène à l'ordre, et donne une énième prophétie (**Matthieu 3 : 7 – 9**).

Le titre d'enfant d'Abraham les a rendus « enfant gâté » au point qu'ils ont souillé cette belle alliance. Malheureusement de nos jours beaucoup de personnes se disant chrétiens posent des actes qui les éloignent de DIEU, plutôt que de les rapprocher de lui. Le résultat obtenu par cette alliance était très loin de ce que DIEU souhaitait. Aussi, il lui plut d'envoyer son fils tisser une nouvelle alliance et par la même, s'offrir un peuple saint. Avant de voir la venue du fils de DIEU, voyons la généalogie des parents de ce dernier. De Jésus ! Cette généalogie se trouve dans **Matthieu 1 : 1 – 17.**

Le seul parent qui figure dans cet arbre généalogique est **Joseph**. Son père ! Plus tard, nous verrons si Joseph est son père où pas. Pourquoi Marie sa mère, ça, du moins nous en sommes certains à 100%, n'est pas la fille d'un patriarche ou d'une personne de cet arbre généalogique ? Pourtant il y a des femmes dans cet arbre généalogique. Tout simplement parce que DIEU veut que vous fassiez la distinction entre fils adopté et fils biologique. Chez nous en Côte d'ivoire, il y a un peuple qui adopte le régime matriarcal ; je crois que se sont les agnis. Et si Jésus était né chez les agnis, je ne pense pas qu'on dirait qu'il est le descendant d'Abraham. Voyons maintenant la naissance de Jésus dans **Luc 1 : 26 – 35**

Les versets **27** et **35** nous donnent des informations de tailles à savoir :

- 1er Marie est vierge, ce qui signifie qu'elle ne connait pas d'homme.
- 2ème Marie la vierge sera enceinte mais pas de son fiancé Joseph.
- 3ème Le Saint Esprit va l'enceinter ou si vous voulez DIEU l'enceinte.

Quelle sera la réaction de Joseph face à ce problème ? Va-t-il prendre toujours Marie pour épouse ? Joseph était prêt à rompre les fiançailles (**Matthieu 1 : 19 – 21**). Car il n'est pas le père de cet enfant, donc son aïeul Abraham n'est pas aïeul de Jésus. Bienaimé, la bible vient de nous dire que Abraham à cause de sa foi en DIEU est devenu son ami, alors que jésus est le fils de DIEU par naissance. Maintenant à vous il est fait cette proposition. De qui voulez-vous être l'enfant ?

1- D'Abraham ! si vous croyez en DIEU vous entrez dans la promesse d'Abraham et vous devenez ainsi son enfant. **Genèse 17 : 4**

2- De l'Éternel des Armées ! si vous croyez en DIEU et acceptez Jésus Christ dans votre vie, vous devenez enfant de DIEU. **Jean 1 : 12 – 13**

Pour la seconde proposition, en plus d'avoir la foi, DIEU vous demande d'accepter dans votre vie Jésus Christ.

Jésus lui-même aussi ne se reconnait pas comme fils d'Abraham (**Jean 8 : 18 – 19**).

Même quand il s'adresse aux juifs, il fait la part des choses (**Jean 8 : 48 – 56**).

Jésus ne se reconnaissant pas comme enfant d'Abraham invite ses disciples à regarder à son père céleste qui est aussi le leur. Jésus montre à ses disciples la différence qu'il y a entre les fils de DIEU et les fils d'Abraham. Les versets que nous lirons montrent que Jésus vient donner d'autres instructions aux fils de DIEU. Pour dire que celles laisser par les patriarches sont faibles (**Matthieu 5 : 43 – 48**).

Même pour leur besoin, il ne demande pas à ses disciples de s'attacher et revendiquer les promesses faites à Abraham mais de s'adresser directement à leur père qui est dans les cieux, l'Éternel des Armées (**Matthieu 6 : 7 – 9**).

Être fils de DIEU ne se dit pas du bout des lèvres. On est fils de DIEU que lorsque DIEU vit en nous (**I Jean 4 : 14 – 17** ; **Galates 2 : 20**).

Il est important que vous sachiez votre réelle identité afin de savoir de quelle Église vous êtes. Car l'Église qui sera l'épouse du Christ est celle issue de ses gènes afin qu'ils fassent une seule chair (**Genèse 2 : 24**).

L'Église de Jésus Christ a-t-elle besoin de prières de délivrances ? Peut-elle être possédée par un esprit démoniaque ?

A qui s'adressent les prières de Délivrances ?

On va pour commencer définir certains mots afin de partir sur une même longueur d'onde. Puis, nous verrons progressivement dans les Saintes Écritures la réponse que DIEU donne à notre préoccupation, à savoir « A qui s'adressent les prières de délivrances ? » ou si vous voulez « Un chrétien peut-il être possédé par un mauvais esprit ? »

Que signifie donc selon le dictionnaire les mots délivrance et possession ?

La **délivrance** ; est l'action de délivrer. Ce qui nous pousse à définir le verbe délivrer.

Délivrer qui signifie mettre en liberté ; délivrer un otage. Débarrasser, soulager d'une contrainte ; délivrer quelqu'un d'une obligation.

Voyons maintenant le mot possession.

La possession est le fait de posséder. Territoire posséder par un état ; colonie. État d'une personne possédée par une force démoniaque.

La possession tout comme le mot délivrance, nous envoie à définir le verbe duquel il est dérivé. Le verbe posséder.

Posséder : Avoir à soi, comme bien ; posséder une maison. Avoir à sa disposition ; posséder une armée puissante.

Nos deux mots clés étant définis, nous pouvons aisément poursuivre sur notre question.

Mais avant toute chose, qui est appelé « chrétien » ? Le chrétien est un disciple aguerri et pratiquant de la doctrine de Jésus Christ. Il est différent du sympathisant de cette doctrine, le christianisme, il est aussi différent du croyant. Nous dirons que le chrétien est un petit Christ. Et les premiers disciples ont eu cette appellation à Antioche nous voyons cela en **Actes 11 : 26**

Les premiers chrétiens étaient issus des tribus d'Israël. Avant leur arrivé à Canaan, ils vivaient en Égypte et étaient sous la domination de Pharaon et ils avaient adopté les pratiques des Égyptiens. C'est-à-dire l'adoration de leurs différents dieux. Chose qui pouvait se justifier puisqu'ils avaient passés au moins quatre cent ans en Égypte. Pour votre petite information si je ne me trompe l'Égypte est le berceau de la Rose Croix, la branche de l'AMORC (Ancienne et Mystique Ordre de la Rose Croix). Elle était aussi la première puissance mondiale financière et spirituelle, avant d'être détrônée par Babylone. Voyant l'oppression que leur faisaient subir les Égyptiens, DIEU vient les délivrer (**Exode 3 : 7 – 8**). Les Israélites ayant quittés physiquement l'Égypte pour un lieu inconnu par eux, étaient délivrés de leurs oppresseurs (**Exode 12 : 34**).

Après être sorti d'Égypte il fallait maintenant abandonner les pratiques d'adorations égyptiennes. Et qu'Israël accepte l'Éternel des Armées comme leur DIEU, et lui offrir toute leur adoration. En un mot, il fallait qu'Israël soit consacré à DIEU (**Exode 19 : 5 – 6**). DIEU donne des lois qui permettront à Israël d'être sous une autre domination. Il insiste même sur l'aspect des divinités (**Exode 20 : 1 – 7**).

Lorsqu'Israël entra en terre promise, DIEU pour préserver son peuple saint, lui donna des directives claires concernant les divinités étrangères (**Deutéronome 7 : 1 – 6**).

Soulignons que bon nombre d'Israélites pour ne pas dire tous les israélites moururent dans le désert, excepté la génération de Josué, c'est-à-dire ceux nés dans le désert. Ils moururent au désert parce qu'ils n'acceptaient pas de se séparer des pratiques Égyptiennes (**Exode 32 : 1 - 9 Actes 7 : 39 – 43**).

Dieu dans sa bonté donna Canaan aux restes d'Israël sous la conduite de Josué (**Josué 1 : 1 – 6**).Une fois en terre promise, après la mort de Josué, les Israélites se détournèrent de la voix de DIEU, en épargnant les cananéens (**Juges 1 : 21 – 36**). Cette désobéissance conduisit les enfants d'Israël à servir et adorer les dieux étrangers (**Juges 2 : 10 – 13**). Ils connurent à peu près les mêmes souffrances que connu leur père en Égypte. L'histoire d'Israël nous montre combien est pesant le joug des dieux étrangers. J'ouvre une parenthèse avec votre permission pour vous dire que le péché qu'il soit héréditaire ou pas est différent d'être possédé par un esprit démoniaque. Prenons le cas d'Abraham qui a menti pour survivre en Égypte (**Genèse 20 : 1 – 2**). Isaac a commis le même péché que son père Abraham (**Genèse 26 : 7 – 9.**), tout deux ont menti que leur femme était leur sœur de peur de mourir. Là il y a aucune présence de démons mais la conséquence de leur acte est identique. Cet exemple pour vous dire qu'il n'y a que le péché qui ouvre une porte d'accès à Satan et ses suppôts pour toucher à la vie d'un enfant de DIEU.

Nous poursuivons pour dire que DIEU dans son infini amour suscite toujours un libérateur, tel Moïse, Othniel, Jephté, Déborah, Samuel, Eli, etc. Nous voyons que le joug imposé par ces dieux étrangers n'est autre que la mort, la tristesse, la famine, la désolation, les maladies, etc. DIEU voyant que ce cycle était sans fin, pour le simple fait que la durée de vie de ces serviteurs était très limité pour cette œuvre salvatrice, il décida d'envoyer un libérateur qui vit éternellement. Avec une telle condition, il ne pouvait qu'envoyer son fils unique. Lorsque Jésus fut sur terre, il ne manqua pas de dire le but de sa présence ici bas (**Luc 4 : 16 – 21**).

Pour rendre la liberté aux gens, il fallait que ces derniers le veuillent, où que leur proche le demande, pour les personnes qui manquent de prises de décisions. Il les encourageait même par moment (**Matthieu 11 : 28 – 30**). Les personnes qui l'acceptaient se mettaient systématiquement sous sa domination. Un exemple plus pratique nous ait donné dans **Matthieu 12 : 22 – 30.** Le verset 29 nous montre clairement qu'une personne ne peut être délivrée que par une entité supérieure à celle qui la possède. Nous voyons l'histoire des fils de Scéva, qui voulurent délivrer un démoniaque. Ils échouèrent lamentablement (**Actes 19 : 13 – 16**).

Dans cette histoire, nous voyons deux faits :

1. Le simple nom de Jésus Christ ne délivre pas
2. Notre titre de croyant ne délivre pas non plus

Pourquoi ! ? Le premier fait devrait marcher pour autant car il est écrit en mon nom vous chasserais les démons (**Marc 16 : 17**). Ils échouèrent parce qu'ils opéraient sous le couvert de Paul. Christ leur était inconnu et ils étaient aussi inconnus à Christ (**Matthieu 17 : 19 - 21**).

Matthieu 17 nous dit aussi qu'il faut une certaine consécration à DIEU pour pouvoir chasser les démons. Les disciples ont aussi connu un échec face à un cas démoniaque, Jésus leur donne alors la recette qui n'est rien d'autre que la consécration totale qui est le fruit de la foi, la prière et le jeûne.

En second fait, ils devraient à la limite, vu leur nombre dominer le démoniaque, mais ce fut tout le contraire. Ils étaient pourtant fils de sacrificateur, donc connaisseurs de la doctrine de l'Éternel des Armées. Cette histoire nous montre que pour pouvoir délivrer une personne, il faudrait que Christ vive en nous. Pierre et Jean l'ont expérimenté (**Actes 3 : 6 – 8.**)

Paul pouvait aussi dire si je vis ce n'est plus moi qui vit mais Christ qui vit en moi (**Galates 2 : 20**). Jésus est formel sur la question de possession (**Luc 11 : 21 – 26**). Pourquoi certains chrétiens pour ne pas dire croyants, malgré le fait qu'ils aient accepté le Christ sont captifs des esprits maléfiques, de familles et autres ? Parce qu'ils n'ont pas encore abandonnées leur ancienne vie, bien qu'ils ne pratiquent plus ces choses, ils les gardent en souvenir cherchant la moindre occasion pour les pratiquer. Aussi, ils ne laissent pas le Christ vive en eux. Beaucoup de croyants se comportent comme les israélites et les fils de Scéva. Malheureusement certains pasteurs aussi. La bible est formelle et vraie, elle nous dit en **Romains 8 : 1**

« *Il n'y a donc maintenant aucune condamnation pour ceux qui sont en Jésus Christ* ».

Car nous devenons une nouvelle créature en Christ Jésus (**2 Corinthiens 5 : 17**). Aucune personne en qui Christ vit ne peut faire l'objet de possession par un esprit contraire au Saint Esprit. Cependant un fils de DIEU peut faire l'objet d'épreuve par le Saint Esprit comme se fut le cas de Jésus, Job, Paul et certains de nos contemporains dont moi. Pour savoir si vous avez besoin d'une prière de délivrance, il faudrait que vous sachiez si vous êtes croyant ou chrétien ? Si Christ vit ou pas en vous ? Car notre corps est le temple du Saint Esprit or le Saint Esprit n'est autre que DIEU (**I Corinthiens 6 : 19**). Comment DIEU peut partager son temple avec une entité autre que son fils Jésus ? La Bible ne mentionne nulle part le nom d'un disciple, encore moins d'un apôtre qui ayant marché avec le Christ fut posséder excepté le fils de la perdition, Juda.

Et les personnes qui s'adonnent librement au péché, il faut les livrées à Satan pour le salut de leur esprit (**I Corinthiens 5 : 5**).

L'Église de Jésus Christ ne peut en aucun cas fait l'objet de possession démoniaque.

Cependant il est bon de savoir si les démons existent. Si oui quelle conduite devrons-nous tenir envers eux.

Les Démons, les Anges et le Chrétien.

La Bible ne mentionne nulle part la création des démons par l'Éternel des Armées. Qui sont-ils donc ? Et pourquoi mènent-ils la vie dure aux habitants de la terre, les hommes en particuliers. Les démons étaient autrefois des anges au service de DIEU (**Psaumes 103 : 20**). C'étaient des fils de DIEU (**Genèse 6 : 12 ; Job 1 : 6**).

On voit que Satan prend part à la réunion des fils de DIEU en présence de leur Père, l'Éternel des Armées sans que cela ne choque l'assemblée. Mieux, DIEU semble surpris du retard de Satan (**Job 1 : 7**). Satan semble être un enfant provocateur, et accusateur. Pourquoi lui et sa bande ont été chassés du ciel et n'ont plus accès à ce magnifique endroit. Parce que l'iniquité a été trouvé en lui ; et qu'il prenait sa volonté pour celle de DIEU (**Ézéchiel 28 : 2**). Satan était un chérubin protecteur, parfait, fort et puissant. Il n'y avait aucun secret pour lui. Il était beaucoup aimé de DIEU pour avoir tant de privilège. Le chapitre 28 d'Ézéchiel nous relate une partie de son histoire. Ne vous m'éprenez pas de croire qu'il s'agisse du roi de Tyr, car ce roi ne pouvait être placé en Éden, qui a existé bien avant le royaume de Tyr. Le verset 13 nous donne même cette précision.

« Tu étais en Éden, le jardin de Dieu; Tu étais couvert de toute espèce de pierres précieuses, De sardoine, de topaze, de diamant, De chrysolithe, d'onyx, de jaspe, De saphir, d'escarboucle, d'émeraude, et d'or; Tes tambourins et tes flûtes étaient à ton service, Préparés pour le jour où tu fus créé. »

Comment se fait-il qu'il vit sur la terre. Après qu'il eu crut qu'il était DIEU, il voulut entrainer les anges dans sa folie. Il eu alors guerre au ciel, et dans sa défaite, il fut précipité sur terre avec toute son armée (**Apocalypse 12 : 7 – 12**). Une fois sur terre, ils devinrent des démons et entrainaient des peuples à les adorer. Faisant ainsi obstacle au culte de DIEU (**Lévitique 20 : 2 – 3**). Ils possédèrent même des corps humains qu'ils prirent pour habitation (**Marc 16 : 9 ;**

Actes 19 : 16). Nous constatons que les anges déchus ou démons si vous voulez n'ont rien perdu de leur puissances, ni de leur dons. Pourquoi DIEU permet qu'il fasse usage de leur pouvoir jusqu'à promettre honneur, gloire, richesse et puissance à tout leurs adorateurs ; comme il le proposait aussi à Jésus (**Luc 4 : 5 – 7**). Tout simplement parce que notre Père Céleste, l'Éternel des Armées qui est juste, demeure fidèle, et il ne se repent pas de ses dons (**Romains 11 : 29**). Il en est de même pour l'homme. Après sa chute au jardin d'Éden et qu'il fut chassé, il ne perdit pas ses qualités divines, seulement son nombre de vie a été réduit et la terre maudite à cause de lui. DIEU est amour. Bienaimé, où je veux en venir avec mes propos qui ne sont pas loin d'éloges faites à Satan. Or il n'en est rien. Satan est aussi une autorité établie par DIEU (**Romains 13 : 1**). Et en tant que chrétien, enfant du DIEU Très Haut, quelle conduite vous devez afficher devant lui pour ne pas créer de scandales diplomatiques célestes. Avant de poursuivre voyons l'exemple de l'Archange Michael pour la conduite qu'il a tenu quand il se disputait les os de Moïse avec Satan. Il n'a eu aucun écart de langage. Bien qu'il pouvait en avoir car il l'avait une fois battu au ciel. Mais il est resté respectueux et poli (**Jude verset 9**). Jésus même pendant que Satan le tentait dans le désert n'a pas eu de propos hautains (**Matthieu 4 : 10**). Dans nos prières nous tenons un langage déraisonnable envers Satan, ce qui rend nos prières inoffensives parce que DIEU doit d'abord régler l'incident diplomatique que nous créons par notre manque de sagesse et de diplomatie. Nous ne voyons pas les apôtres ou les premiers disciples faire ce genre de prières :

- « Je marche sur ta tête Satan. »

- « Je te maudit. »

- « Tu es sous mes pieds. »

Et bien d'autres que je n'ose citer. Jésus seul a ce pouvoir d'affronter directement Satan. Mais dans le nom de Jésus et avec son autorité, vous pouvez vous adressez directement à Satan (**Philippiens 2 : 8 – 11**). La manière la plus simple mais pas toujours facile je l'admets est de lui résister avec une foi ferme tout en nous soumettant à DIEU. Car la soumission à DIEU revient à rechercher et faire sa volonté à l'instant « T » (**Jacques 4 : 7**). Pour clore mes propos sur Satan et ses suppôts, je vais illustrer cette scène et faire appelle à votre jugement personnel. Supposons que des personnes s'en prennent à la clôture de l'ambassade des USA dans votre pays. Et en retour, les américains vivant sur votre sol avec à leur tête leur ambassadeur, tiennent la photo de votre président en très grand format, votre drapeau national et les brulent devant leur ambassade en criant haut et fort qu'on ne s'en prend pas aux américains, cette scène est filmée et même mise sur internet par eux. Quel sera votre réaction. Quel incident diplomatique cet acte créera. Il en est de même quand nous manquons de respecter Satan et toute son armée.

Et les anges puisqu'ils sont restés fidèles à DIEU, devrons-nous les adorer ? Les prier ? Quelle conduite devons-nous tenir face aux anges. Comme nous l'avons vu plus tôt, les anges sont au service de DIEU. Ils nous gardent, nous aident parfois dans notre tache, par moment ils nous servent. Mais ne sont pas nos serviteurs. Un ange répond à la question à Jean dans l'apocalypse.

« *Et je tombai à ses pieds pour l'adorer; mais il me dit: Garde-toi de le faire! Je suis ton compagnon de service, et celui de tes frères qui ont le témoignage de Jésus. Adore Dieu. Car le témoignage de Jésus est l'esprit de la prophétie.* **Apocalypse 19 : 10** »

L'ange refuse d'être adoré et indique qui doit recevoir notre adoration. Donc toute prière quelconque adressée à un ange quelque soit sa hiérarchie dans le ciel est à la limite une provocation directe faite à DIEU (**Esaie 42 : 8**). Les anges interviennent auprès de nous sous le commandement direct de DIEU. La personne que nous devons prier et par qui nous pouvons tout avoir est Jésus Christ (**Jean 15 : 16**). Satan et tout son royaume n'ont aucun pouvoir sur vous aussi longtemps que vous serez dans la volonté de DIEU et que vous ne lui ferez aucune brèche pour qu'ils vous atteignent (**I Pierre 5 : 8**). Satan ne peut rien nous faire car celui en qui nous croyons et qui a fait de nous enfants de DIEU, notre Seigneur Jésus *a effacé l'acte dont les ordonnances nous condamnaient et qui subsistait contre nous, et il l'a détruit en le clouant à la croix ; il a dépouillé les dominations et les autorités, et les a livrés publiquement en spectacle, en triomphant d'elles par la croix.* (**Colossiens 2:14**)

Néanmoins nous lui devons respect, car toute autorité émane de DIEU. Et si DIEU vous fait grâce d'être en compagnie d'un ange, manifestez lui de l'amour, de la bienveillance, du respect, enfin soyez aimable et glorifiez DIEU.

Si nous ne devons pas prier les anges, ni même solliciter leur aide dans notre prière, comment devrons nous prier dans ce cas ?

Comment Prier ?

Je n'ose douter que vous ne sachiez pas prier. Sauf si vous venez à peine de vous convertir au christianisme. Nous ne parlerons pas de la prière à proprement dit mais du « comment prier !» si nous savons prier, nous saurons utiliser cette arme puissante qu'est la prière. La prière est l'action de demander, de faire une requête. Lisons **Jacques 4 : 2 – 3**

« *Vous convoitez, et vous ne possédez pas; vous êtes meurtriers et envieux, et vous ne pouvez pas obtenir; vous avez des querelles et des luttes, et vous ne possédez pas, parce que vous ne demandez pas. Vous demandez, et vous ne recevez pas, parce que vous demandez mal, dans le but de satisfaire vos passions.* »

L'apôtre Jacques vient de nous donner les états que nous devons avoir avant de prier.

- En premier notre état, en un mot « qui sommes nous ».

- En second notre manière de demander, la disposition d'esprit si vous voulez.

- En troisième notre intention de demande, le pourquoi de notre prière.

Je vais imager pour vous donner une idée plus nette. Regardez la manière dont votre enfant vous demande de l'argent est différente de la manière dont votre femme, ou votre ami, ou votre collègue, ou encore votre frère vous demande de l'argent. Ils ont tous le même objectif ; avoir votre argent. Mais tous vous approchent avec des argumentations différentes. Certains recevront cet argent immédiatement, d'autre non, d'autre oui mais avec un temps considérable. Voila ce que Jacques essayait de nous dire. Dans la bible on voit le frère du roi Salomon qui demande une femme et reçoit la mort en retour (**I Rois 2 : 16 – 25**). Nous voyons qu'une demande adressée avec de mauvaises intentions peut être nuisible pour nous. Ce que notre bouche dit révèle en grande partie qui nous sommes (**Luc 6 : 45**). Or nous savons que DIEU n'exauce pas les pécheurs, pire il s'éloigne d'eux (**Proverbes 15 : 29 ; Jean 9 : 31**). Vous me direz certainement que si DIEU n'exauce pas le pécheur, pourquoi certaines personnes voient leur prière exaucée ! Simplement parce que DIEU est dans sa parole. DIEU répond et se souvient de ses alliances. Nous ne saurons dire avec exactitude si ces personnes bénéficient de grâces faites pour eux dans le passé ou par des proches. Nous avons l'exemple de Lot qui a permis que des villes ne subissent pas le même sort que Sodome et Gomorrhe (**Genèse 19 : 20 – 25**). Jésus nous donne un exemple simple à cette question (**Marc 5 : 6 – 13**).Les démons sachant qui est Jésus et aussi l'alliance qui les lie, se servent de cela pour faire une prière à DIEU. Ils sont exaucés. Bienaimé, avoir une réponse favorable à notre prière ne signifie en rien que nous sommes justes ou que nous hériterons des cieux. Concernant la prière, Jésus nous donne des éclaircis la dessus (**Matthieu 6 : 7 – 13 ; 25 – 34**). Jésus nous dit que le fait de nous inquiéter de notre devenir est à la limite une provocation envers DIEU, car ce sont les païens qui prient de la sorte. Simplement parce que notre Père Céleste sait ce dont nous avons besoin bien avant que nous n'ouvrions notre bouche. David nous donne une révélation importante dans **Psaumes 37 : 4**. Car jamais le juste n'a été abandonné ni délaissé par l'Éternel des Armées. Le **Psaume 1 : 1 – 6** nous dit que celui qui est agréable à DIEU n'a pas besoin de prier car tout ce qu'il fait lui réussit parce que la faveur de DIEU est sur sa vie. Les seules prières que Jésus adressait à DIEU pour sa vie étaient sur la croix et dans le jardin de Gethsémané (**Matthieu 26 : 36 – 44 ; Matthieu 27 : 46**). Pas que Jésus ne priait pas, non, mais il priait pour les autres. Même pendant qu'il prie pour lui, cette prière est en grande partie pour nous, pour la réussite de sa mission. Jésus vous dit pourquoi prier dans **Jean 15 : 16**. Tout comme lui votre vie doit glorifier le Père. Ainsi vous devez prier pour la gloire de DIEU. Quand vous priez pour votre foyer que se soit pour glorifier DIEU afin de convertir un autre foyer à Christ. Regardons ce que le **Psaume 127 : 2**

« En vain vous levez-vous matin, vous couchez-vous tard, Et mangez-vous le pain de douleur; Il en donne autant à ses bien-aimés pendant leur sommeil. »

DIEU s'occupe de ses bienaimés même pendant leur sommeil. Bienaimé, bien que vous soyez converti, vous priez et vous ne recevez rien parce que votre prière ne concerne en rien l'Éternel des Armées, mais votre chair, votre ego que vous voulez satisfaire (**Galates 5 : 16 – 17**). Pour finir voyons l'histoire de cette famille d'Elkana qui avait pour femme Anne et Pennina. Anne était stérile tandis Pennina était très féconde. Elle ne cessait de prier avec larmes l'Éternel des Armées pour n'avoir ne cesserait-ce qu'un enfant afin de ne plus subir les moqueries de son entourage surtout de sa coépouse. Bien que le motif fût justifiable, elle ne recevait rien de DIEU pendant toutes ces années. Mais quand elle a mis les intérêts de DIEU dans sa requête, DIEU lui a donné un garçon l'année qui a suivi. Et elle a eu plusieurs autres enfants. Nous trouvons cette histoire dans **I Samuel 1 : 1 - 28**

Pour résumer donc, avant de prier il faudrait que vous sachiez si :

- Vous êtes juste ou un pécheur, si vous êtes un pécheur repentez vous de vos péchés avant de prier.

- Notre demande est raisonnable. Un exemple vous n'avez pas de mari et vous priez pour avoir un enfant. Qui va vous faire cet enfant, or nous savons que DIEU n'aime pas les impudiques encore moins les adultères.

- Votre prière glorifie DIEU, l'Éternel des Armées.

Souvenez vous, même Jésus quand il enseignait sur la prière nous montre que notre volonté ne vaut rien si celle de DIEU doit s'accomplir (**Matthieu 6 : 10**). Connaitre la volonté de DIEU avant de prier nous évitera de passer de long moment à multiplier de vaines paroles. Si vous êtes en règle avec DIEU et que votre prière ne trouve pas d'exaucement, demandez le pourquoi à DIEU. Il vous répondra surement.

Peut être que nous pensons que notre argent favorise l'exaucement à nos prière, par exemple les promesses de la dîme, des offrandes. Aussi étant enfant de DIEU dois-je payer la dîme ?

DIME !!! Dois-je toujours la payée ?

La dîme selon le dictionnaire est l'impôt versé à l'Église qui était prélevé sur les récoltes. Comme synonyme de la dîme nous avons : impôt, taxe, tribut.

Que dit donc la bible sur la dîme !

La première personne à payer la dîme est ABRAM. Il paya la dîme à MELCHISEDEK (**Genèse 14 : 18 – 20**). Melchisédek qui est roi de Salem et sacrificateur est au dessus d'Abram et a le droit de recevoir sa dîme, car il n'était pas encore sous l'alliance de DIEU (**Genèse 17 : 1 – 5**)

Abram, revenant de guerre devrait payer un tribut à une autorité supérieure à lui, en ce temps, Abram ne considérait que l'Éternel des Armées comme la seule autorité de qui il dépendait, Melchisédek était son représentant, son sacrificateur.

Abraham n'a plus jamais payé de dîmes jusqu'à sa mort car il demeura dans l'alliance de DIEU.

Jacob, fils d'Abraham fit un vœu à DIEU et lui promis de payer la dîme, si DIEU le bénit et le protège (**Genèse 28 : 11 – 22**). Jacob promis de faire de DIEU son autorité, son protecteur, son bienfaisant et de lui donner la dîme de tout son avoir.

Le livre de **II Samuel le chapitre 8 du verset 15** nous fait une révélation importante.

DIEU en quittant ses fonctions de Roi établit sur son peuple, lègue par la même ses droits et privilèges au prochain roi choisit. Nous pouvons voir que la dîme en fait partie. La dime est donc payée à l'autorité établie sur nous. Et comme DIEU est l'autorité suprême établie sur nous alors nous lui payons la dîme par l'intermédiaire de ses serviteurs.

Dans le livre de Lévitique, DIEU ordonne le paiement de la dîme. Elle n'est plus alors un ''vœu'' mais devient une ordonnance à laquelle devrait se soumettre tout le peuple d'Israël qui sorti d'Égypte (**Lévitique 27 : 30 – 34**). Le verset 34 nous signale que cette recommandation est spécifique aux enfants d'Israël, c'est-à-dire aux enfants de Jacob (**Genèse 32 : 27 – 28**).

Israël paya la dîme à DIEU parce que DIEU l'avait délivré de la main de Pharaon et de ses différentes guerres pour la conquête de Canaan, la terre promise. Jusque là, Israël n'offrait pas de culte proprement dit à DIEU. C'est après l'institution du tabernacle, de l'ordination d'Aaron et de ses fils comme sacrificateurs pour présenter les offrandes d'Israël et intercéder en sa faveur que l'Éternel résolut de donner toutes les dîmes à Aaron et sa descendance, c'est-à-dire la tribu de LEVI, car ceux-ci n'avaient aucune part dans l'héritage d'Israël (**Nombres 18 : 20 – 31**). Le dernier verset cité nous dit pourquoi la dîme doit être donnée aux Lévites, pour leur salaire. La dîme est donc le salaire d'un travail accompli dans le temple de l'Éternel. Après qu'Israël connut les diverses déportations, il ne paya plus la dîme. Et rompit l'alliance établit avec DIEU. Néhémie résolut de rassembler Israël, de reconstruire Jérusalem et de restaurer l'alliance avec l'Éternel des Armées (**Néhémie 1 : 1 – 7**). Néhémie trouva grâce aux yeux de DIEU et mit en exécution ces projets (**Néhémie 2 : 6**). Néhémie et les anciens du peuple résolurent de prendre soin de la maison de l'Éternel en restaurant les offrandes, les prémices et les dîmes (**Néhémie 9 : 38**).

Bien que n'étant pas tous sacrificateurs en exercice, tous les lévites percevaient la dîme et à leur tour payaient la dîme de la dîme aux sacrificateurs en exercice (**Néhémie 10 : 32 – 39**).

En plus de nourrir les Lévites, les sacrificateurs et aussi d'entretenir la maison de l'Éternel, le respect du paiement de la dime regorge de grandes et diverses bénédictions (**Malachie 3 : 7 – 12**).

Nous constatons que pour le service à la maison de l'Éternel, les sacrificateurs sont entretenus par le peuple sous ordre de l'Éternel des Armées. Moïse, Aaron et les premiers sacrificateurs moururent mais le service au temple continua. Au temps de Jésus Christ, le paiement de la dîme est toujours en vigueur, Jésus paie la dîme pour ne pas scandaliser les percepteurs de la dîme (**I Corinthiens 10 : 32**) et donne une précision sur le type de personne qui doit payer la dîme (**Matthieu 17 : 24 – 27**).

Pourquoi Jésus refuse implicitement de payer la dîme ? Nous savons que la dîme a été instaurée sous la loi, la première alliance depuis Abraham. Aussi, cette loi fut jugée et trouvée imparfaite d'où son remplacement par une nouvelle et plus excellente (**Hébreux 7 : 18 – 19**).

Jésus ne pouvait donc payer la dîme car il ne s'identifiait pas dans la promesse faite à Abraham (**Genèse 17: 1 – 13**).

Jésus était le premier d'une nouvelle race, venant avec une nouvelle alliance pour tous ceux qui sortiront de lui (**II Corinthiens 5 : 17**).

Jésus était le garant de cette nouvelle alliance (**Hébreux 7: 22**).

Jésus reçut d'Abraham la dîme pour dire qu'il est plus grand qu'Abraham (**Jean 8 : 56**), car Melchisédeck présenta le Christ à Abram par "<u>le pain et le vin</u>" (**Matthieu 26 : 26 – 28**)

Or nous voyons que lorsque Melchisédeck s'est présenté à Abram, il lui offrit le Christ afin d'entrer dans une nouvelle alliance (*Genèse 14 : 18 – 20*).

Il annonçait ainsi à Abram la venue de Jésus, tout en lui présentant et lui permis de consommer le Christ. Jésus établit par la même un nouveau sacerdoce étant lui-même sacrificateur à perpétuité (**Hébreux 7 : 21**).

Nous pouvons donc dire que les personnes s'identifiant comme étant enfant de DIEU par le canal de Jésus Christ, sont toutes exemptes des effets de la loi antérieure, donc du paiement de la dîme (**Jean 1 : 12 – 13**).

Malheureusement bon nombre de personnes acceptent Jésus Christ comme Sauveur et Seigneur, mais ignorent le pouvoir qu'elles ont de devenir enfant de DIEU. Et continuent de s'identifier comme enfant d'Abraham, or tout enfant d'Abraham se doit de respecter scrupuleusement la loi donnée à Moïse (**Jacques 2 : 10**).

A qui votre pasteur paie-t-il la dime de ce que vous lui donner ? Il vous répondra certainement qu'il la paie à l'église c'est-à-dire la communauté où il est établie, où mieux encore qu'il la paie à son mentor (père spirituel, mère spirituelle), ou peut être il fait des dons à des organisations caritatives qui s'occupent des veuves et orphelins. Que recommande la bible face à cette question ? La réponse de DIEU se trouve dans **Nombres 18 : 25 – 28**.

La bible dit que votre pasteur doit payer la dîme à l'autorité établie sur lui, or il est la seule autorité établie donc il est exempt de cette obligation.

Étant de la lignée de DIEU en Christ Jésus nous sommes supérieurs à tout humain, car notre essence est purement divine, quoique nous soyons encore dans nos enveloppes corporelles. Egaux avec tous ceux issus de Christ. Et par la même des sacrificateurs qui officient jour et nuit devant le trône de Gloire de notre père céleste. Étant en Christ, nous sommes comme je l'ai dit des sacrificateurs établis par DIEU lui-même (**Hébreux 5 : 4 – 6**). Car si nous vivons ce n'est plus nous qui vivons mais Christ qui vit en nous, et Christ en nous fait de nous des sacrificateurs.

Jésus n'est pas venu abolir la loi mais pour l'accomplir (**Matthieu 5 : 17 – 20**).

Pour répondre à la question de savoir si je dois payer ou pas la dîme, je dois d'abord savoir si je suis un fils d'Abraham (**Jean 8 : 56**) ou un fils de DIEU (**Romains 8 : 17**). La nature de mon état me permettra de ne pas offenser DIEU avec mon argent et aussi en faire bon usage. Comme je ne paie pas la dîme en tant qu'enfant de DIEU, mon offrande est-elle agréée ?

Que dois-je offrir pour que mes prières soient agréables et exaucées ?

Quoi offrir à mon DIEU ?

Quelle offrande l'Éternel des Armées agrée-t-il ? D'abord, l'offrande est un acte volontaire de donner. Ce qui est différent de l'action de donner ; qui lui survient la plupart du temps après une demande dans le but de satisfaire un besoin. En un mot offrir est différent de donner, même si la nuance semble très faible. L'histoire de la création nous dit que le premier à avoir donné était DIEU. Il donna à la création (forêt, mer, terre, les animaux, etc.) l'homme pour que ce dernier en prenne soin (**Genèse 1 : 26**). Ici, ce verset nous montre que l'homme a été la dernière créature de DIEU. Toute l'œuvre de l'Éternel était bonne et agréable, mais il fallait une œuvre aussi merveilleuse, belle et supérieure à elle pour la garder. Une œuvre qui allait comprendre la création. Personne ne pouvait comprendre ni même garder la création excepté le créateur. Alors par amour pour la création, il fit une copie conforme de LUI DIEU qu'il plaça dans le jardin pour le garder (**Genèse 2 : 15**). Dans ces textes, nous voyons que DIEU donne à la création un dieu pour la garder. Ce don répond à un souci de pérennité, de sauvegarde. La nature n'a rien demandé à DIEU, mais voyant la nécessité, DIEU fait une offrande. Là les choses se compliquent un peu pour DIEU quand l'homme lui fait une demande implicite (**Genèse 2 : 20**). L'homme dans toute la création n'a pas trouvé son semblable. Ce qui certainement le mit mal à l'aise. La preuve, nous la trouvons dans **Genèse 2 : 21 – 23**. Après que DIEU créa la femme et l'emmena à l'homme, il exprima sa joie et un grand soulagement. De ces faits, DIEU venait d'établir la différence entre « Offrir » et « Donner »

Pourquoi le fait de donner est-il si important aux yeux de l'Éternel des Armées, à tel enseigne qu'il accepte les dons par anticipation. Acte que nous appelons communément « vœux », « promesse ». Une fois de plus DIEU est le premier à donner l'exemple. Il fait une grande promesse à un homme ; Abram. Cette promesse a encore son effet aujourd'hui (**Genèse 12 : 1 – 3**).

DIEU nous montre qu'une promesse ou un vœu est fait pour susciter une action. En fait c'est l'inverse d'une offrande, qui une fois reçue provoque une action. Mais pour la promesse l'action est posée avant de recevoir l'offrande.

Malgré ses grandes richesses et bénédictions Abram demande un héritier à DIEU, un fils. Le manque de fils sorti de son union avec Saraï sa femme, pouvait être pris par Abram comme un manque d'amour de DIEU envers lui. L'amour est la plus grande essence de la création. Par amour nous pouvons emmener à la vie comme à la mort. Abram marche depuis longtemps avec DIEU, il sait de quoi est capable l'Éternel des Armées. Lui refuser un enfant est frustrant, et il ne manque pas de le lui faire savoir (**Genèse 15 : 1 – 4**).

Ici Abram ne dit même pas merci à DIEU après une telle promesse. Mais il pose un problème, son manque de progéniture. Seule la frustration peut empêcher un ami de nous remercier comme il se doit après avoir reçu un cadeau précieux et de grande valeur de notre part. DIEU répond à Abram et tient sa promesse (**Genèse 21 : 1 – 3**). DIEU venait une fois de plus de montrer son infini amour envers Abram. Au fait DIEU avait-il gagné la confiance d'Abraham ? Ou celui-ci marchait avec lui par intérêt ? DIEU n'allait pas tarder à le savoir en demandant une offrande inimaginable à son ami Abraham. Lui donner en sacrifice son unique fils qu'il a tant cherché et qu'il aime plus que tout (**Genèse 22 : 1 – 2**). DIEU voulait Isaac en holocauste. C'est-à-dire qu'Abraham égorge de ses propres mains son fils, son unique, et qu'après il brule son corps sur un autel qu'il aurait au préalable dressé. Abraham réussira-il cette épreuve ? Si oui alors il aurait démontré à DIEU son amour pour lui (**Genèse 22 : 11 – 12**). Vous me direz certainement qu'Abraham n'aimait pas DIEU mais le craignait. En effet, la crainte est un sentiment manifeste pour assurer une certaine stabilité. On craint le voleur par peur de nous voir dérober nos biens. Par crainte de perdre un amour, notre liberté, notre santé on pose des actes sains, respectueux, tout acte qui nous procurait une certaine assurance. Nous avons nos parents et nous les craignons, mais cette crainte n'est pas une crainte suscitée par la peur mais par le respect, par l'amour. Donc on peut dire qu'Abraham aimait inconditionnellement DIEU. Dans tout ce que nous venons de voir, on peut reconnaitre que se soit « donner » ou « offrir », nous manifestons par ces actions notre amour à autrui. Nul ne peut recevoir un présent de son ennemi sans se poser mille et une questions. Il en est de même pour DIEU (**Exode 25 : 1 – 2**).

Sans amour notre offrande est muette et provocatrice. Qu'en est-il des promesses et vœux non tenus ? La Bible nous répond simplement dans **Deutéronome 23 : 21 – 23**. Lorsque nous ne tenons pas une promesse faite à DIEU, nous péchons or le salaire du péché c'est la mort (**Romains 6 : 23.**) Qui dans la bible a fait une promesse et est mort sans l'avoir tenue ? L'Église à l'époque pour résoudre le problème de pauvreté a résolu de soutenir les indigents. Chacun apportait comme il résolut et cela était connu de tous. C'est ainsi qu'Ananias et Saphira ont trompé DIEU dans leur offrande, résultat ils sont morts (**Actes 5 : 1 – 11**). Aujourd'hui dans nos assemblées face aux différents appels, nous sommes tentés de faire des promesses soit par obligation, soit par émotion impulsive, activant ainsi le processus de mort au cas où nous venons à ne pas tenir à notre promesse. Par contre une offrande faite avec amour, et désintéressement nous donne la vie. Car elle parle pour nous. Dorcas a recouvré la vie parce que son offrande a aussi parlé pour elle (**Actes 9 : 36 – 41**). Quel genre d'offrande DIEU attend de nous. Dieu attend de nous une offrande faite avec amour. Nous avons l'exemple de Caïn et de son frère Abel. Contrairement à Caïn, Abel offrit les prémices de son labour à DIEU. Ce qui lui permit d'avoir les regards favorables de DIEU sur son offrande. Caïn n'a pas eu la faveur de DIEU parce que son offrande ne remplissait pas les normes, bien qu'étant le premier à offrir (**Genèse 4 : 3 – 7**). Les intentions de Caïn pendant son offrande étaient mauvaises. Jésus nous donne un exemple d'offrande agréée dans **Marc 12 : 41 – 44.** Les riches ont donné pour se faire voir et avoir comme d'habitude des éloges. Mais cette veuve a donnée tout ce qu'elle avait par amour pour son DIEU. Car il n'y a que l'amour qui peut nous pousser à nous oublier par moment. Si nous donnons à DIEU avec de mauvaises intentions, il est clair que nous ne recevrons rien de lui en retour. On nous fait croire que notre argent fait avancer l'œuvre de DIEU. Hoo bienaimé, DIEU n'a pas besoin de votre matériel pour faire avancer son œuvre ; mais de votre amour pour lui. Car avec amour et sans argent vous pourrez faire avancer son œuvre.

« *Si même je sacrifiais tous mes biens, et jusqu'à ma vie, pour aider les autres, au point de pouvoir m'en vanter, si je n'ai pas l'amour, cela ne me sert de rien.* **I Corinthiens 13 : 3   version Bible du Semeur** ».

Si DIEU ne veut pas de notre matériel, que veut-il de nous ?

«*Je vous exhorte donc, frères, par les compassions de DIEU, à offrir vos corps comme un sacrifice vivant, saint, agréable à DIEU, ce qui sera de votre part un culte raisonnable.* »

Romains 12 : 1 nous donne la réponse. S'offrir à DIEU n'est rien d'autre que mourir pour lui. Or si nous mourrons pour DIEU, il se servira de nous pour son œuvre. Et lui seul sait comment il nous utilisera. Pour d'autre il utilisera leur finance, d'autre leur sagesse, d'autre leur compassion, d'autre leur temps, etc. Et pour nous se sera un signe d'amour (**Jean 15 : 13**).

DIEU veut que nous lui offrions tout notre amour. Une offrande faite avec amour procure la joie et est agréée par DIEU (**II Corinthiens 9 : 7**).

Comme nous l'avons vu, il se peut que vos offrandes parlent contre vous parce qu'elles ont été faites sans amour. Soit par obligation, par émotion ou par contrainte. Ainsi vous êtes frappé par une malédiction de mort. Mais laissez-moi vous dire que DIEU dans son infini amour vous donne son fils unique afin que votre péché vous soit pardonné et que vous vivez (**Jean 3 : 16**). Demandez pardon à DIEU pour vos promesses non tenues, vos offrandes faites sans amour. Dorénavant avant de faire une offrande ou un don à DIEU, examinez les sentiments qui animent votre cœur. S'ils sont corrects alors faites votre offrande sinon abstenez vous de le faire de peur de péché contre DIEU. De toute façon vous n'avez de compte à ne rendre à personne excepté à l'Éternel des Armées. Que votre argent ne soit pas un piège pour vous.

Les bénédictions de DIEU vous ouvrirons certainement les portes du mariage, mais comprenez-vous le mariage et la sexualité. Aspirez-vous à un mariage qui se veut être selon la volonté et le plan de DIEU ?

Comment comprenez-vous le mariage et la sexualité ?

Pendant la création, DIEU dans le jardin d'Éden a pris la peine d'établir l'ordre des choses concernant le mariage et le sexe. D'aucun pourrait dire que le sexe était interdit dans le jardin par DIEU si on veut se référer au fruit défendu ; la fameuse pomme. Heureusement, qu'il n'en est rien car DIEU lui-même veut que l'homme et la femme soient féconds et nombreux sur la terre (**Genèse 1 : 28**). Si l'homme et la femme devraient être féconds, il n'y avait qu'un seul moyen pour le faire ; le sexe. DIEU apporte son aide à Ève qui est la femme d'Adam pendant qu'elle conçoit son premier enfant. Si le sexe était défendu pourquoi DIEU aiderait-il l'homme à procréer (**Genèse 4 : 1**) ? Maintenant que nous savons que le sexe est autorisé dans nos relations, quand doit-on l'utiliser ? Est-on obligé de nous marier avant d'avoir recours au sexe ? Pourquoi se marie-t-on donc (**Genèse 2 : 18**) ? Nous voyons que la femme est la dernière créature de DIEU. Après avoir tout créé, DIEU créa l'homme à qui il confia toute son œuvre, pour en prendre soin. Mais l'homme ne pouvait à lui seul gérer tout cela, et, ne trouva aucune aide parmi la création. DIEU décide alors de lui trouver une aide spéciale qui réjouirait son cœur (**Genèse 2 : 21 – 23**). L'homme n'a pas eu connaissance de ce projet de création de la femme, car il était plongé dans un profond sommeil, une grande anesthésie si vous voulez. Mais de par ses déclarations, on peut déduire que son cœur était en joie. Car il se voyait en la femme. Elle est son reflet. Pour répondre à notre question du pourquoi se marie-t-on, on dira que selon DIEU, on se marie à une femme pour que celle-ci nous apporte de l'aide dans notre ouvrage (**Genèse 2 : 18**) et aussi le bonheur (**Proverbes 18 : 22**). Rappelons que c'est après que l'homme et la femme soient ensemble que DIEU leur demande de procréer, donc d'avoir recours au sexe quand besoin sera. On ne peut avoir des rapports sexuels que si nous sommes mariés. Qu'en est-il donc si nous avons des rapports sexuels avant le mariage. Si on part du principe que nous ne connaissons ni d'homme ou de femme, c'est-à-dire que nous sommes vierge ou puceau, et que nous avons un rapport sexuel nous devons nous marier pour ne pas que cela soit un péché. A part cela tout acte sexuel en dehors du mariage est considéré comme adultère, donc péché. L'adultère est le fait d'avoir un rapport sexuel avec le ou la partenaire d'autrui. Les livres de Lévitique les chapitres 18 et 20, et de Deutéronome le chapitre 22 en disent long sur ce sujet. Avec l'avènement du Christianisme quand n'est-il du mariage. Jésus revient sur la question et même va plus loin en disant que si nous convoitons la femme d'autrui sans avoir eu de contact sexuel avec elle, nous commettons l'adultère. Pire si nous sortons avec une femme répudiée (divorcée sans qu'elle n'est été adultère) on devient tous deux adultères (**Matthieu 5 : 28 ; 31 – 32**). Pourquoi Jésus est si dure sur la question du mariage. L'apôtre Paul semble avoir une réponse et cela se trouve dans **I Corinthiens 6 : 16 - 17**. Notre corps est le temple du Saint Esprit, nous devrons fuir le péché sous toutes ses formes, en particuliers celui de l'adultère. L'Église et la société disent que nous sommes mariés quand une faisons une cérémonie dans une mairie ou dans un temple. La Bible par contre appelle mariage lorsque la dote est payée (**Exode 22 : 16**). Une fiancée est une femme promue en mariage. La dote ne fait pas d'une femme une fiancée mais une épouse. Voila l'erreur dans laquelle certains de nos bergers nous induisent. Bienaimé une fois que vous payez votre dote, vous pouvez aller vers votre femme ou vers votre époux cela n'est pas un péché. Le mariage à la mairie est fait pour vous donner une certaine valeur dans la société ; prime au travail ; responsabilité diverse, prise en charge des enfants ; etc. Le seul régime que DIEU connaisse et approuve est celui de la communauté de biens, les autres ne sont qu'une abomination. Car votre femme et vous faites une seule chair. Maintenant dites moi sur quel critère vous choisissez votre partenaire. La tendance actuelle dans l'Église est de savoir si on a prié avant, si DIEU nous a confirmé notre choix. Concernant le mariage, comme je le disais plus haut, DIEU a déjà défini les standards qu'il approuve. Et pour être en union, il faudrait une même vision (fardeau), et se plaire mutuellement. Le DIEU que vous servez est la source de votre vision. Raison pour laquelle DIEU refuse que nous nous mettons en union avec une personne qui a un dieu différent du nôtre

(**Deutéronome 7 : 3 – 4**). Bienaimé avant de prier DIEU pour savoir si vous devez vous marier avec X ou Y personne soyez certains que cette personne prie et adore votre DIEU et qu'elle vous plaise. Vous pourrez alors introduis ce sujet de prière sur le trône de gloire de votre père afin de savoir si avec cette personne vous pourrez mener à bien l'œuvre que le Seigneur vous confie. Vous ne vous mariez pas pour le sexe, mais pour glorifier et servir convenablement DIEU. Pour vous qui vous êtes marié avant de connaitre le Seigneur, ne divorcez pour rien au monde. Votre partenaire a un dieu étranger ? Pire il blasphème sans cesse votre dieu, réjouissez vous car c'est votre terrain d'évangélisation, cette âme que vous avez entre vos mains a du prix aux yeux de l'Éternel des Armées. A quoi bon courir évangéliser dehors si vous n'arrivez pas à gagner la personne avec qui vous partagez votre lit. A moins que DIEU ne vous demande explicitement de rompre cette union. Chose qui m'est difficile de croire, car il est écrit que nul ne sépare ce que DIEU a unit (**Matthieu 19 : 6**). DIEU souhaite que tous soyons mariés, mieux que le mariage soit honoré de tous (**Hébreux 13 : 4**). La Bible dit que les adultères n'iront pas au ciel, que le sexe ne soit pas la clé de la porte de votre enfer. Pour conclure ce chapitre, je dirais que quand vous avez des rapports sexuels avec une personne, vous venez de prendre un ticket de réservation de mariage chez DIEU. Pour être en règle, DIEU voit dans ses registres si chacun de vous est à son premier rapport sexuel, si oui alors vous êtes éligibles pour le mariage pour ne pas dire marier officieusement, et n'attend plus que le paiement de la dote pour valider votre ticket devant les hommes. Si les registres révèlent que l'un de vous n'est pas à son premier rapport sexuel alors vous êtes tous deux coupables du péché d'adultère. Si par ignorance vous avez aussi commis ce péché priez et demandez pardon à votre père céleste et ne reprenez plus cet acte. Cherchez à régulariser votre situation pour être en accord avec votre DIEU et sauvez votre âme. Évitez tout rapport sexuel si vous n'êtes pas dans le processus du mariage ou si vous n'êtes pas marié. Une petite parenthèse, le fait d'être de la même communauté religieuse, ne veut pas dire que vous avez le même dieu. À entendre une personne prier vous saurez quel dieu elle adore. Beaucoup ont pour dieu leur travail, leur famille, le mariage, etc.

Vous aurez pas mal de problèmes conjugaux si vous n'avez pas la même vision, le même Dieu, car la bible même dit qu'on ne peut se mettre ensemble avec une personne sans s'en être convenu au préalable (**Amos 3 : 3**). Malheureusement de nos jours, les chrétiens enregistrent le plus grand taux de divorce même dans les rangs des bergers, ce qui n'empêche les scandales.

Comment gérons-nous les scandales dans nos sociétés ? La justice des hommes est-elle compétente pour gérer les scandales de l'Église ?

Les Scandales à l'Église

Bienaimé, nous avons pour habitude de voir des scandales dans notre société. Est-il normal d'en avoir aussi dans l'Église ? Si oui, alors comment les gérer. Voyons ensemble un des premiers scandales de l'histoire cité par les Saintes Écritures (**Genèse 9 : 20**). Nous voyons que Noé est ivre, et son ivresse l'envoie à se mettre nu dan sa tente. Il n'était pas dehors donc son état ne pouvait être su que par les personnes pouvant avoir accès à sa tente. Et Cham qui a accès à l'intimité de son père découvre cela et le partage à ses frères. En retour il reçoit une malédiction quand son père retrouve la raison. Pourquoi DIEU ne frappe pas Noé qui s'est enivré et montré sa nudité, plutôt que de frapper Cham. Cham a été frappé parce qu'il a mal géré la situation. Que dit Jésus face aux scandales (**Matthieu 18 : 7**). Jésus reconnait qu'il y aurait des scandales dans le monde mais malheur à celui qui sera cause du scandale dans sa bergerie. Pire si ce scandale est causé à une brebis de Christ (**Matthieu 18 : 6**). J'ignore quel effet sa fait de mourir attaché et par noyade mais j'ose croire que cela n'est pas agréable. Entre la sentence de Noé et celle de Jésus, je préfère de loin celle de Noé au moins on vit. Alors si je suis témoin d'un scandale dois-je me taire ou en parler ? **Psaumes 51 : 15**

« *J'enseignerais tes voies à ceux qui les transgressent et les pécheurs reviendront à toi.* » Pour enseigner les voies de DIEU au pécheur, il faudrait que je dénonce son acte or si je dénonce son acte et que cela crée un scandale, je me rends coupable d'une malédiction. Que faire donc ? Jésus nous montre les étapes à suivre pour empêcher un scandale (**Matthieu 18 : 15 – 17**). En premier lieu, il faut le régler dans le plus grand secret, si cette démarche échoue alors on recommence avec cette fois un ou deux témoins, matures de préférences. Et si cela échoue à nouveau, on porte l'affaire devant l'église. Bien évidemment le corps de l'église en prendra connaissance que si la tête en juge la nécessité. Et si cela arrive à ne pas aboutir, alors on traitera ce dernier comme un païen. Nulle part dans ce processus Jésus ne nous conseille d'en faire un tapage, toute une publicité autour de l'affaire, encore moins de la portée auprès d'un tribunal quelconque. Mais de la gérer dans la plus grande discrétion. Pourquoi vous me demanderez, je suppose. **Matthieu 13 : 24 – 30** nous conte une parabole de Jésus sur la gestion des scandales. Ici, Jésus en prenant l'exemple de l'ivraie et de la bonne semence, nous dit que si nous réglons mal un scandale on risque de perdre nos frères et sœurs qui sont faibles dans la foi. Or nous savons combien il (Jésus) tient à ses petits enfants. Supposons que votre pasteur soit pris en flagrant délit d'adultère. Si cela est connu de tous, que deviendra l'église ? Que diront les païens ? Il y a certains scandales où il est mieux de se taire et de prier en secret. Cette attitude sauvera le corps de Christ et épargnera d'un scandale inutile. Paul nous dit que les scandales surviennent après avoir nourri un esprit de jugement (**Romains 14 : 13**). Nous savons que les scandales ne glorifient personne encore moins l'Éternel des Armées. Nous devrons aussi nous efforcer à ne scandaliser personne par notre conduite (**I Corinthiens 10 : 31 – 33**). Si vous êtes témoin d'un scandale peu importe le lieu, que se soit à l'Église, au travail, à la maison gardez vous d'avoir une attitude qui déplaise à DIEU. Si vous ne savez que faire, prenez une seconde et priez, DIEU saura vous donner la conduite à tenir (**Romains 14 : 1**). Puisque vous ne pouvez savoir sur la simple apparence le degré de foi de votre prochain, il vaudrait mieux que vous sachez régler les scandales.

Comme Paul l'a dit c'est par esprit de jugement que nous créons des scandales parce que nous nous mettons supérieurs à la personne que nous jugeons. Notre jugement étant loin de la vérité, crée souvent des frustrations qui engendrent ces scandales. Avec quelle autorité jugeons-nous autrui ? La femme peut-elle fait usage d'une autorité dans l'Église ? Est-ce un scandale ou pas !

L'Autorité de la Femme dans ma Maison

Nous ne doutons guère que les coutumes et lois de l'Église sont toutes issues des lois Israélites. Lois reçues dans le désert. Au fil des ans avec la diversité des peuples qui se sont convertis, nous avons introduis nos coutumes dans l'Église. Le problème majeur auquel fait face l'Église et qui fait divergence est l'autorité de la femme. La femme doit-elle exercer une autorité quelconque dans le corps de Christ ? Si nous allons sur la base que le christianisme tire sa doctrine des lois juives, mosaïques, la réponse est NON. Pourquoi de nos jours nous voyons des femmes, mariées ou pas, dirigées le troupeau de DIEU. Jésus a-t-il abolit sa propre loi ? Lui qui interdisait à quiconque de le faire (**Matthieu 5 : 17 – 19**). Pourquoi voyons-nous ce phénomène se répandre à grande vitesse dans l'Église. Voyons ensemble sur quoi est basée cette doctrine (**Joël 2 : 28 – 29**). Effectivement avec l'effusion du Saint Esprit et la distribution des dons, on s'aperçoit que DIEU nantie aussi bien les femmes que les hommes avec ses dons. On peut donc voir une femme avoir une compréhension parfaite et limpide des Saintes Écritures, est-ce pour autant qu'elle doit être une bergère ? Voyons le cas de Déborah la prophétesse, qui était juge sur le peuple de DIEU. Son statut de prophétesse lui donnait le droit de trancher les affaires selon la parole de l'Éternel des Armées. Rappelons que le prophète ou la prophétesse est la personne qui fait office de bouche, yeux et oreilles de DIEU auprès de son peuple. Elle usait du droit de juge parce que l'Esprit de DIEU était sur elle. Et le peuple n'allait pas vers elle dans l'intention de consulter une femme. Non. Mais dans l'intention de consulter DIEU au travers de son canal qu'est le prophète ou la prophétesse (**I Samuel 9 : 9**). Regardons l'acte même que pose Deborah quand il est question de conduire le peuple de DIEU à une guerre gagnée d'avance. Elle va chercher un homme, Barak, parce qu'elle sait que sa coutume l'interdit de prendre autorité sur l'homme en tant que femme. Barak se refuse ce droit, il refuse de jouir de son droit d'autorité et de le faire prévaloir sur Israël. Tout comme Esaü a négligé le droit d'ainesse au profit de Jacob. Malgré l'insistance et la mise en garde de Deborah, Barak refuse le trône. Donc par manque d'homme capable d'exercer comme juge sur Israël Deborah conduit Israël en guerre sous le regard de Barak (**Juges 4 : 1 – 9**). Sous quel critère la femme peut exercer une autorité dans l'Église, quand nous connaissons celui des hommes ? **I Timothée 3 : 1 – 13** Nous donne les différents critères pour être diacres, évêques et occupés des fonctions similaires. Mais souvenons nous que se sont des personnes issues du peuple donc sous la coupole d'un berger. Les femmes au contraire du fait qu'elles ne peuvent être maitresses de maison en présence du maitre, doivent être honnêtes, non médisantes et fidèles en toute chose. En plus du ministère de prophétesse, qui ne fait pas de la personne berger ou bergère mais juste un porte parole, la femme peut être diacre, évêque et elle est nommée par un berger après approbation de son conseil. Jésus nous montre un ministère que la femme peut exercer sans que cela n'entache son Église. Celui de l'annonciation, si vous voulez de l'évangéliste. Le ministère d'évangéliste. Mais bien avant de faire de la femme une évangéliste, elle doit répondre d'une autorité, d'un mari. La première évangéliste n'était pas mariée mais aux yeux du monde elle répondait d'un mari (**Jean 4 : 16 – 18 ; Jean 4 : 39 – 41**). La femme peut exercer quand elle reconnait l'autorité qui est établi sur elle, seulement comme prophétesse, évangéliste, diacre. Peuvent-elles prêcher dans nos assemblées ? L'apôtre Paul en s'appuyant sur les ordonnances de DIEU dans le jardin d'Éden nous donne un droit de réponse (**Genèse 3 : 16**). Comme DIEU dit que l'homme dominera sur la femme, il lui ait formellement interdit de prendre la parole, à plus forte raison de prêcher (**I Corinthiens 14 : 34 – 35**). Combien de fois ne voyons-nous pas des femmes de pasteur prêcher dans nos assemblées, parce que leur mari sont pasteurs, d'autre même vont plus loin, elle porte le titre de pasteur parce que monsieur est pasteur.

Sur le plan physique, que la femme ait ou pas l'autorité sur l'homme dans le corps de Christ, cela ne pose aucun problème vu nos différentes traditions. Mais comme nous sommes dans un monde régit par des lois spirituelles et que notre ennemi les maitrise bien. Il y va de notre salut de remettre de l'ordre dans nos rangs afin de ne perdre aucunes des batailles car toutes sont décisives (**Éphésiens 6 : 10 – 12**).

Qui pourra donc conduire le peuple de DIEU à mener ces batailles spirituelles, étant donné que notre Seigneur est auprès du Père. Comme Pierre à qui il confia son troupeau avant son départ, quel berger pour continuer l'œuvre laissée par les apôtres.

Mon Berger

Jésus le disait à ses disciples et à qui voulait l'entendre qu'il n'y a pas de plus grand amour que de donner sa vie pour son prochain. Pour nous prouver aussi son amour, il s'est donné à la croix, pas seulement pour nos péchés mais pour nous redonner notre nature première. Celle d'enfant de DIEU. Nous faire vivre dans notre dimension de petit dieu. De pécheurs que nous étions, à devenir chrétiens, le processus est long, laborieux et semé d'obstacles posé par l'ennemi Satan. L'étape la plus décisive est celle de croyant ou stagnent beaucoup d'adeptes au christianisme. Jésus sachant que cela ne serait pas facile se choisit des personnes pour aider son troupeau à atteindre cette maturité spirituelle. Nous les appelons pasteur, prophètes, évangélistes, bishop, docteur, papa, maman, etc. Pour DIEU se sont des bergers qui ont à charge son troupeau et qui doivent rendre compte à la fin de leur exercice. Comme Jésus a aussi rendu compte à DIEU. Tout le chapitre 17 de Jean nous présente un rapport que Jésus fait sous forme de prière. Mais le verset sur lequel le Saint Esprit a bien voulu tirer mon attention est le verset 12.

« *Lorsque j'étais avec eux dans le monde, je les gardais en ton nom. J'ai gardé ceux que tu m'as donnés, et aucun d'eux ne s'est perdu, sinon le fils de perdition, afin que l'Écriture fût accomplie.*»

Jésus se justifie en disant que la brebis perdue était celle destinée à la perdition sinon toutes les brebis sont saines et sauves. Jésus s'est soucié plus de ses brebis que de sa vie. Au travers de la discussion qu'il a avec Simon Pierre, il demande à ses bergers qui prétendent l'aimer de considérer son sacrifice fait à la croix et de prendre soin de ses brebis au péril de leur vie s'il en fallait (**Jean 21 : 15 – 17**). Le ministère de berger doit être un ministère conditionné par l'amour. Un amour parfait manifeste envers la brebis et non envers sa personne, encore moins envers sa communauté, ses bâtiments et autres. Avec quelle motivation servez-vous l'Éternel des Armées ? Vous a-t-il appelé à son service ou le faites vous pour aider la cause parce que vous connaissez les Saintes Écritures. Comme se fut le cas d'Apollos que nous voyons dans **Actes 18 : 24 – 26**. Que se soit par mandat ou par bénévolat, voyons en quoi est ce que notre père est mécontent de nous. Nous laissons la vie spirituelle de nos brebis entre la main des diacres et autres responsables de département. Oubliant ainsi que la fonction principale d'un diacre est de s'occuper du coté social de la bergerie bien qu'il soit rempli du Saint Esprit (**Actes 6 : 1 – 4**). A peine si nous nous tenons à la brèche pour notre peuple. Je le dit parce que lorsque nous prions pour le peuple, DIEU ne tarde pas à nous averti des pièges de l'ennemi, de la dérive du peuple face au péché et à nous donner des directives claires à suivre qui lui plairont. Ces quelques versets pourront vous donner une idée plus nette de la grandeur de votre tache (**Ézéchiel 33 : 1 – 7** et **Luc 22 : 31**). Certainement que votre communauté va bien, car elle grandit et les membres ne cessent d'accroitre, vous me direz. Mais qu'en est-il de leur vie spirituelle ? DIEU ne juge pas selon l'apparence mais souvent sur les détails qui nous échappent. L'amour du prochain a diminué pour ne pas dire disparu dans nos communautés. Si vous vous préoccupiez de vos brebis personnellement, vous vous rendriez compte de ce problème. Il est vrai qu'avec les enseignements que vous donnez la brebis devrait grandir et pouvoir se défendre d'elle-même. Mais que peut-elle devant un loup avisé déguisé en agneau (**Matthieu 7 : 15**). Rien, absolument rien. Votre diacre, votre responsable ou même votre assistant pasteur est aussi une brebis sous votre charge même si elle se présente avec des cornes. Ses cornes ne lui seront d'aucun secours devant le loup. Donc ne lui confiez pas la charge des autres brebis. Quelle est la qualité de l'herbe que vous donnez à vos brebis ? Cette nourriture les fait grandir dans la foi et dans une intimité avec le Seigneur ou pas. En observant leur réaction face aux réalités de cette société qui sont loin d'être la vérité de DIEU, vous vous rendrez compte de la qualité de l'herbe que vous leur donnez à manger. L'Apôtre Paul pouvait nous prévenir en ces termes **Romains 12 : 2**

« Ne vous conformez pas au siècle présent, mais soyez transformés par le renouvellement de l'intelligence, afin que vous discerniez quelle est la volonté de DIEU, ce qui est bon, agréable et parfait. »

Étant devenu chrétien ou croyant (aspirant à la citoyenneté céleste) nous ne sommes plus de ce monde bien qu'étant dans ce monde. Et vous, étant ambassadeur votre devoir est de prendre soin de vos concitoyens, car vous êtes leur président à l'étranger et nul autre dans votre administration ne saura défendre leur droit mieux que vous. Jésus avait-il un service de protocole ? Oui vous répondrez, si vous prenez pour référence le cas de Barthimée, de la femme qui perdait du sang pendant douze ans à cause de l'obstacle humain qu'ils rencontrèrent avant de voir leur problème résolu, ou encore le cas de la samaritaine au puits qui n'aurait reçu la révélation de l'adoration si les disciples de Jésus étaient là. Ou même de Nicodème qui vint de nuit par l'intermédiaire d'un disciple pour s'entretenir avec le Christ. Oui le Christ avait son service de protocole, mais un service qui n'empêchait pas son peuple de s'approcher de lui. Seul les gens du dehors devraient faire audience. Êtes-vous plus important que le Christ pour que votre peuple se heurte à maintes reprises à votre service de protocole pour vous rencontrer. Si votre protocole est perméable, votre secrétariat lui est très rigide car sans rendez-vous on ne peut vous rencontrer, si on arrive à vous joindre alors cela se fait par affinité sélective. Prétextant que vous êtes chargé, ou que vous avez besoin de repos. Votre vie est-elle plus importante que la leur ? Bienaimé on ne devient pas berger après un temps de formation dans une institution quelconque couronné par un diplôme ou une qualification humaine. On nait berger (**Jérémie 1 : 5**). Ne vous souciez pas de la grandeur de votre pâturage et de la quantité de votre troupeau, mais plutôt de la qualité de ceux-ci. Il serait désolant qu'à cause d'une brebis perdue, vous hypothéquez votre récompense céleste. Implicitement, Paul dans Hébreux nous rappelle que nous allons rendre compte des âmes qui nous sont confiées (**Hébreux 13 : 17**). Si servir DIEU est à la fois honorifique et dangereux, sur la base de quoi pouvons nous prétendre être à son service. Lisons cette recommandation du Seigneur faite par la bouche de Paul dans **Actes 20 : 27 – 28**

« *Car je vous ai annoncé tout le conseil de DIEU, sans rien en cacher. Prenez donc garde à vous-mêmes, et à tout le troupeau sur lequel le Saint Esprit vous a établis évêques, pour paître l'Église du Seigneur, qu'il s'est acquis par son propre sang.*»

Maintenant que nous savons à quel prix le seigneur s'est acquis son troupeau. Sur quoi vous vous êtes convenu, le Seigneur et vous avant de paitre son précieux troupeau.

Votre contrat divin avec DIEU!

Le thème de notre réflexion pourra choquer plus d'un. D'abord ce thème s'adresse aux serviteurs de DIEU ou à toutes personnes désireuses de servir l'Éternel des Armées. Ce thème est « Votre contrat divin avec DIEU. »

Qu'est ce qu'un contrat ? Un contrat est une convention entre deux ou plusieurs personnes ; écrit qui la constate. La convention est un accord de volontés conclu entre des personnes qui s'apparente à un contrat. Un contrat est donc un accord qui associe deux personnes dans une entreprise. Peut-il ou doit-il exister un contrat entre DIEU et nous ? Me demanderez-vous ! Pour arriver à un accord il faut évidemment un échange de propos. Les Saintes Écritures partagent-elles notre point de vue ? Oui (**Amos 3 : 3**). De par ce verset nous pouvons dire que DIEU partage notre avis. Mais si DIEU partage notre avis, a-t-il établi un contrat entre ses serviteurs et Lui. Ce contrat était-il le même pour tous ? Voyons quelques exemples d'accord. **Exode les chapitres 3 et 4 : 1 – 17** Étant donné la longueur de ce texte je vous invite à les lire chez vous. Dans leur échange on voit que DIEU porte son choix sur Moïse pour la libération de son peuple. On voit que DIEU tente de persuader Moïse d'accepter cette mission, en multipliant les assurances jusqu'à adjoindre son frère Aaron à cette tache afin de convaincre son élu. DIEU par la même accepte les exigences de Moïse. On peut donc conclure ici que DIEU et Moïse trouve un accord. Moïse avait pour mission de faire sortir Israël d'Égypte pour le faire entrer en terre promise. En retour DIEU devait être avec Moïse en tout temps. Nous voyons aussi le cas de Gédéon qui va jusqu'à demander des signes avant de conclure son contrat (**Juges 6 : 11 – 40**). Tout comme Moïse, il est choisi malgré ses infirmités à délivrer Israël. Sa mission est différente et son contrat aussi l'est. Bien que le fond soit pareil. Libérer Israël de ses oppresseurs. Voyons le contrat du prophète Jérémie ; nous le lirons dans **Jérémie 1 : 4 – 19**

Le contrat de Jérémie est différent des autres dans la mesure où il ne vient pas délivrer Israël mais vient envoyer des calamités sur le peuple qui refusent de se détourner de ses mauvaises voies. Tout contrat qui se respecte a une clause de résiliation. Le contrat du prophète Elie l'avait aussi, et il n'a pas hésité à faire prévaloir cette clause. DIEU choisit des personnes pour finir sa mission, et comme prophète pour le remplacer il devrait oindre Élisée (**I Rois 19 : 13 – 17**). Donc nous voyons qu'un contrat avec DIEU peut être rompu. Si Élisée doit continuer la mission d'Elie, avec quel contrat le fera-t-il ? D'abord au service de qui il sera ? Élisée va travailler pour DIEU mais sous le contrat d'Elie (**I Rois 19 : 19 – 21**). Alors il n'y a pas lieu d'écrire un nouveau contrat entre Élisée et DIEU. Par contre, si contrat il doit avoir, se sera entre Elie et Élisée. Et se fut le cas (**II Rois 2 : 8 – 15**) Élisée dans la continuité demande une double portion, chose qu'il obtient. Notre Seigneur Jésus avait-il un contrat avec l'Éternel des Armées ? Oui évidemment. La loi et les prophètes n'ont guère cessé d'énumérer ce contrat. Le but de ce contrat était de donner sa vie pour accomplir sa mission pour le rachat des péchés de l'humanité afin de ramener le peuple à DIEU (**Hébreux 10 : 4 – 10**). Le contrat de Jésus est difficile car il doit donner de sa vie pour accomplir sa mission, en retour DIEU lui donne tout excepté DIEU, mieux DIEU le fait DIEU, pour ne pas dire qu'il était DIEU avant même la création. Pourquoi j'ai pris tous ces exemples, où je veux en venir ? J'aurais pu intituler cette exhortation « Ma divine lettre de mission » mais je garde le « contrat divin avec DIEU » pour créer ce hic dans votre esprit. Ce que je veux que vous reteniez de cette exhortation est que vous ne vous basez pas sur les suppositions du genre « … dieu dit que je suis appelé » mais plutôt que vous entendez explicitement la voix de DIEU qui vous envoie. Car quand vous l'entendrez vous saurez :

- Votre mission,
- L'approvisionnement de votre mission (dons spirituels, finances, équipes, etc.),
- Votre champ de mission,
- Et si possible la durée de votre mission.

Bien évidemment que lorsqu'il vous enverra vous ne manquerez de lui dire vos faiblesses, qu'il se chargera de combler. Si vous n'avez aucun contrat avec DIEU, alors cherchez à vous en procurer de peur de ne travailler en vain. La moisson est grande et il y a peu d'ouvriers. Il ne faudrait pas aussi que ce peu d'ouvriers la se ruent tous sur la même parcelle. Si chaque serviteur à son contrat, le désordre sera moindre dans le corps de Christ. Il a payé de sa vie pour constituer son Église ne la détruisons pas par notre zèle amer provoqué par notre « vice de procédure ».

Notre société même nous montre que pour travailler il faut un contrat. Que nous connaissons sous divers noms, CDD, CDI, Stage, etc.

Le peuple de DIEU doit-il exiger le contrat de son berger avant de le suivre ? A-t-il ce droit de savoir si son berger est habilité à le paître ?

Troupeau qui suis-tu ?

Qui suis-tu mon troupeau ?

Nous savons quel est le troupeau de DIEU. Ce troupeau suit-il le bon berger ? Il n'y a qu'un seul berger et un seul troupeau. Christ et l'Église. Pourquoi vous détournez-vous si promptement des voies de votre DIEU et ne suivez-vous pas ses conseils. Votre présence dans ses lieux de cultes, vos offrandes, votre zèle pour son œuvre, votre vie de piété et de sanctification ne le réjouisse pas, parce que vous manquez d'amour pour l'Éternel des Armées. Tout ce que vous faites ou lui offrez sans amour ne peut lui être agréable par conséquent ne pourra le réjouir. Certes, votre berger peut être responsable, car vous me direz que vous suivez ses ordonnances parce qu'il parle de la part de l'Éternel des Armées. Mais détrompez-vous car DIEU vous a aussi remis l'accès à sa parole, qui renferme ses lois et ses ordonnances. Sur la question DIEU est formel, et innocente son oint qu'il a établit sur votre vie. Lisons le point de vue de DIEU dans le livre d'**Ézéchiel 33 : 1 – 6**. Vous êtes seulement innocent quand votre berger ne fait pas l'œuvre à laquelle il a été appelé. Malheureusement du moment où vous fréquentez une assemblée, vous innocentez à 75% votre berger. Comment et pourquoi n'est ce pas ? Parce que le livre dans lequel est tiré les serments, exhortations et prédications n'est autre que la Sainte Bible sauf s'il les tire d'un autre ouvrage. Or de nos jours la Sainte Bible est accessible par tous et à moindre coût. Il y a même des organisations qui en font des dons. Il y a aussi la Bible en version audio pour ceux qui ont des problèmes de lecture. En parlant de lecture, j'aimerais savoir quelle est votre littérature. La foi vient de ce qu'on entend or ce qu'on entend vient parfois et très souvent de notre lecture. Votre lecture est donc la source de votre foi. Les livres de Josué et de Psaumes nous donnent les bienfaits d'une littérature de qualité. Tout l'avenir de notre entreprise dépend de ce que nous faisons de notre lecture. Le comptable s'entourera d'ouvrages de comptabilité, ce qui est tout à fait normal. Le médecin, lui d'ouvrages de médecine, ainsi de suite. Mais nous qui sommes enfants de DIEU, notre réussite dépend de la loi de l'Éternel des

Armées qui se trouve dans sa Bible (**Josué 1 : 8** ; Le **Psaume 1 : 1 – 3**). Le Psaume 1 va encore plus loin pour dire que celui qui se confie en la parole de DIEU a un discernement averti car il ne marche pas selon le conseil des méchants. Tout ce qu'il fait est béni. Les chrétiens de Bérée bien que connaissant Paul, ne se sont pas fiés en son passé auprès de Gamaliel, encore moins à ces prouesses présentes faites par le Saint Esprit. Mais ont examinés tout ce qu'il leur disait avec les Saintes Écritures pour voir s'il disait vrai (**Actes 17 : 11**). Et vous, que faites-vous ? Vous remplacez la Bible par les ouvrages de votre berger, vous vous conduisez selon ce qu'il dit. DIEU ne vous jugera pas selon les ouvrages de ses serviteurs que vous lisez, non, mais selon la Bible que vous refusez de lire, parce que c'est sa parole (**Osée 4 : 6**). Je ne vous dis pas de ne pas lire d'autres ouvrages chrétiens pour l'édification de votre foi. Mais avant de les lire soyez sur d'avoir au moins une Bible et de la lire très très régulièrement. La Bible à elle seule comporte 66 livres de différents styles. Mieux en cas de difficultés et d'incompréhension, vous avez l'assistance directe, spontanée et immédiate de l'auteur à qui vous pourrez poser toutes vos questions, et qui se fera le plaisir de vous répondre. Cet auteur n'est autre que le Saint Esprit. Avec les autres ouvrages, vous n'avez pas cette chance d'avoir cette assistance directe et spontanée. Pourquoi vous lisez ? Ou du moins pourquoi venez-vous à l'Église ? Enfin je fais simple quel est l'évangile qui vous a motivé à venir à l'Église ? Vos motivations vous conduiront vers votre source de foi, or on a vu que la foi vient de ce qu'on entend et ce qu'on entend vient de la parole de DIEU qui n'est autre que la Bible (**Romains 10 : 16**). Si vous venez à l'Église parce que séduit par un évangile de prospérité et de bienêtre car vous recherchez le mariage, la prospérité, le travail, la santé, la gloire, et autre. Vous n'êtes pas loin d'être une victime de l'évangile de la pensée positive qui est aujourd'hui prêché dans plus de 90 % dans nos assemblées. Que dit la Bible face à cet évangile. Jésus est formel sur la question de notre bienêtre. Il n'hésite pas à nous traiter de païen quand nous adoptons une conduite similaire à la leur (**Matthieu 6 : 31 – 32**). Tandis que l'évangile de la pensée positive tant à valoriser l'homme prétextant que nous sommes des fils de Dieu. C'est vrai nous le sommes comme nous l'avons déjà démontré. La supercherie ici est que nous ne remettons pas la gloire à DIEU et défions son autorité. Parce que cet évangile veut qu'en ayant une meilleure estime de soi, on attire tout ce qu'on veut à nous. Développer un esprit de gagnant, de conquérant, afin d'avoir les meilleurs postes et d'être à la tête dans tous les domaines où il y a de la concurrence. DIEU n'est pas contre toutes ces choses puisqu'il veut que nous soyons à la tête et non à la queue (**Deutéronome 28 : 13**) ; que nous soyons prospères à tous égards (**3 Jean 1 : 2**). Où est donc le problème, si DIEU n'est pas contre ce qu'enseigne cet évangile. Cet évangile est le même qu'a prêché Satan à Adam et Ève dans le jardin d'Éden. Vous trouvez cet évangile vrai, agréable à entendre, vous avez aussi la même réaction qu'Adam et Ève. Conséquence première, vous vous éloignez de DIEU bien qu'étant dans sa présence, vous perdez votre clarté et votre prestige auprès de l'Éternel des Armées. Vous pourrez lire l'histoire de la chute de l'homme dans **Genèse 3 : 1 – 24.** Satan n'a pas dit faux selon les Écritures, l'homme n'est pas mort et ses yeux se sont ouverts. Ce que Satan n'a pas dit c'est que l'homme perdrait son essence divine. Il deviendrait un simple homme. Il en est de même pour cet évangile qui ne vous empêche pas de vivre la sanctification, de prendre des temps de jeûnes. Choses que les adeptes de la Rose – Croix, de la Franc-maçonnerie et autres sectes font. Vous n'êtes donc pas différents. Cet évangile vous rend désagréable à DIEU dans la mesure où vous ne vous attendez plus à lui, vous vous prenez en charge. Dites moi quel parent sera heureux de voir son enfant de dix ans sortir tôt le matin et rentrer la nuit avec pour arguments qu'il part chercher son avenir. Sachant que vous lui donnez tout, et que vous ne pourrez rien lui refuser s'il vous le demande. Le comportement que DIEU veut que vous adoptez est d'avoir une totale confiance accompagnée d'une entière dépendance de lui (**Matthieu 6 : 33 ; Psaumes 37 : 4 – 5**). Prenons cet exemple. Vous voulez manger des omelettes, après avoir cassé vos œufs, vous les mettez dans la poêle avec l'huile et tout ce qui va avec puis sur votre feu. Peu importe que vous vous asseyez, vous couchez ou même vous arrêtez près du feu, l'omelette cuira quand son temps de cuisson arrivera. Parce que vous avez respecté la procédure à suivre pour cuire une omelette. Il en est de même avec DIEU. Une fois votre confiance et votre dépendance en lui, il vous donnera ce que votre cœur désire. DIEU se soucie mieux que personne de votre bienêtre (**Jérémie 29 : 11**). Jésus Christ n'est pas venu pour que vous soyez marié, riche, beau ou bien dans ta peau. Mais pour que vous retrouviez votre identité première, votre place originaire auprès de DIEU. Tout le reste n'est autre que moyens d'accompagnement pour soutenir votre marche avec lui. Examinez ce qui vous pousse à devenir chrétien, puis faites un tri à ce qui alimentera votre foi car votre salut en dépend. Nous savons par expérience que ce en quoi nous croyions nous forge un caractère, et ce caractère nous donne une seconde attitude, une seconde nature qui dans la plupart du temps est loin de notre première nature. Votre nature actuelle doit être amour. Si tel n'est pas le cas, alors ce que vous entendez et pratiquez est loin de l'évangile de Jésus Christ. L'évangile de la pensée positive est caractérisée par la recherche de l'intérêt or celui de Christ par l'amour. Quel évangile vous influence ? En voyant les rapports que vous entretenez avec votre prochain et votre communauté, vous saurez quel évangile vous influence. **Matthieu 22 : 37 – 39,** aimé DIEU revient à respecter son culte, sa personne, son autorité, à avoir de la crainte pour lui. Une crainte qui découle d'un profond respect et non d'une peur excessive. Vous ne pouvez prétendre aimer DIEU et bafouer son nom. Quand vous faites vos cultes sur internet sous prétextes que vous n'avez pas le temps pour aller à votre communauté. Où que vous manquez d'argent pour vous payer le transport pour y aller. Vous consolez votre esprit en disant que c'est par amour que vous suivez les enseignements sur internet pour ne pas quitter la présence de DIEU. Laissez-moi vous dire que c'est un manque d'amour et vous vous exposez à un grave danger. N'y-a-t-il pas de communauté chrétienne dans votre zone d'habitation, même si elle est différente de la votre ? Lisons ensemble **Hébreux 10 : 24 – 25**

Veillons les uns sur les autres, pour nous exciter à la charité et aux bonnes œuvres. N'abandonnons pas notre assemblée, comme c'est la coutume de quelques uns ; mais exhortons nous réciproquement, et cela d'autant plus que vous voyez s'approcher le jour.» Regardons le danger que vous courez en devenant chrétien d'internet ou des programmes télévisés et radiodiffusés. Vous allez même à faire des offrandes via ces différents canaux et vous pensez aimer DIEU de la sorte. Le danger que vous courez en vous éloignant de votre communauté pour une raison ou pour une autre, est une mort à petit feu. Imaginons un feu de camp, retirons de ce feu un bois qui le compose. Selon vous en combien de temps ce bois restera-t-il allumer pendant la rosée de la nuit ? Il en est ainsi de vous qui ne fréquentez pas votre assemblée. Vos raisons que vous avancez sont certes justifiables, mais n'empêche qu'elles vous précipitent vers une mort spirituelle certaine. Et si vous restez dans cet état le jour de l'avènement de l'époux, vous serez purement et simplement ignoré, rejeté (**Apocalypse 3 : 15 – 16**). DIEU n'a pas envoyé l'Église à envahir internet encore moins à y être présent. L'ordre de mission qu'il nous donne en demandant de faire des nations ses disciples, ne veut pas dire d'utiliser les méthodes de ce monde pour le faire (**Matthieu 28 : 19**). Ok admettons que par ce biais que vous faites des croyants, que ferez-vous après car cet ordre de mission comporte au moins deux volets sinon trois. En 1 vous devez le convertir, en 2 vous devez le baptiser et en 3 en faire un disciple. Comment ferez-vous son baptême ? Un baptême virtuel ? ! Soyez délivré des pratiques de ce monde qui vous éloigne de votre DIEU, Église. La présence des médias dans l'Église fait qu'elle est devenue artificielle se souciant de son image plutôt que de sa spiritualité (**Romains 12 : 2**). Vous avez des milliers d'amis dans vos réseaux socio et vous êtes tout heureux de balancer une exhortation biblique à chaque bout de temps. Et vous ne connaissez pas chez votre frère ou votre sœur en Christ. Vous prétendez aimer votre DIEU ainsi. Avant d'aimer vos amis virtuels commencez par aimer celui avec qui vous faites le voyage en bus, en train, en taxi pour vous rendre au travail ou pour faire vos courses. Ils font peut être parti de vos amis virtuels, qu'est ce que vous en savez. Car si vous n'aimez pas votre frère que vous voyez, comment pouvez-vous aimer DIEU que vous ne voyez pas. N'oubliez pas que l'homme est la ressemblance et l'image de DIEU, même si c'est un terroriste avéré. L'évangile que vous suivrez déterminera la qualité de votre relation. Si vous suivez l'Évangile de Jésus Christ vous serez caractérisé par l'amour et vous rechercherez le salut de l'âme de votre frère. Se sera pour vous un fardeau. Mais si c'est celui de la pensée positive alors vous serez caractérisé par l'intérêt et en votre prochain vous chercherez vos intérêts. Son avenir vous préoccupera peu parce que vous n'aurez pas fini de vous soucier de vous-même.

Votre berger est certes responsable de vous parce qu'il est établi sur votre vie et en est le gardien. Mais prenez-vous la peine de vérifier tout ce qu'il vous enseigne à la lumière des Saintes Écritures ?

Les Écritures gardiennes de sa Loi

Comme nous avons pour coutume de dire que les paroles s'envolent et que seules les écritures restent. DIEU aussi dans le souci de garder intact sa loi l'a écrite sur des tablettes (**Exode 31 : 12**). Pourquoi DIEU écrit sa parole et demande à ses serviteurs d'en faire autant ? Simplement parce que l'homme a une mémoire sélective qui ne retient que ce qu'il choisit de retenir et à une durée limitée. Tandis que l'écriture ne peut se détériorer que si le support sur lequel il est, est de mauvaise qualité. Si DIEU tant à ce que sa parole soit conservée intacte dans quel but alors. Le livre de Timothée nous dit que c'est dans le but de parfaire le corps de Christ que les Écritures existent (**II Timothée 3 : 16 - 17**). Mais Jésus Christ notre Seigneur sachant toute chose d'avance a posé un problème tout en donnant sa résolution. Il met en garde toutes les personnes qui vont retrancher, ne serait-ce qu'une seule lettre de sa loi et pire qui vont l'enseigner autrement. Qu'en est-il de nos jours ? L'histoire nous dit que la Bible que nous utilisons aujourd'hui a été assemblée en un seul ouvrage par l'empereur Romain Constantin 1er de son vrai nom **Flavius Valerius Aurelius Constantinus**, d'où le retrait de certains livres de cet assemblage. DIEU était conscient que cela arriverait un jour. C'est pour cela qu'il nous le rappelle en disant que si on devrait tout écrire la bible même à elle seule ne pourrait la contenir (**Jean 21 : 25**). Or puisque la loi et les prophètes ne parlent que de lui, il a jugé utile de mettre à notre disposition son Esprit qui a assisté et inspiré les différents écrivains de sa parole. Son Esprit à nos cotés, nous n'aurons plus de problème de traduction, d'interprétation et de compréhension (**Jean 14 : 26**). Pourquoi le Saint Esprit n'enseignera pas sur la loi de Moïse. La loi Mosaïque est-elle différente de celle enseignée par Jésus. Il y aurait-il deux lois alors ? Nullement. Jésus est venu résumer la loi en deux articles (**Matthieu 22 : 36 – 40**). La loi qu'enseigne Jésus étant basée sur l'amour ; on peut dire par prétention que celui qui n'a pas l'amour désobéit à la loi du Christ. Et ne peut être agréable à DIEU. Tandis que la loi de Moïse reposait plus sur les actes que nous posions pour être agréable à DIEU. Or DIEU ne juge pas selon l'apparence. Pour connaitre DIEU et le comprendre, il faut l'aimer. On ne peut aimer DIEU sans aimer notre prochain car c'est la sa loi. Avant d'aimer notre prochain comme nous, il faut un minimum d'amour pour nous-même. DIEU désire se révéler à nous au travers de ces Écritures, or comme ses Écritures ont connu maintes interprétations et traductions, il nous donne de son Esprit pour que nous soyons enseignés et conduits dans toute sa vérité. Ne vous approchez des Saintes Écritures avec un esprit autre que celui d'apprendre d'avantage sur votre DIEU, et demandez au Saint Esprit de vous instruire afin que vous soyez utile entre ses mains, et que vous sachiez sa loi. Par quel signe saurez vous que vous avez le Saint Esprit afin que vous puissiez bénéficier de son assistance dans votre lecture des Saintes Écritures.

Et même quand le Saint Esprit viendra vous enseigner toute chose sur la loi de Christ, quel usage en ferez-vous ? DIEU est sa parole (**Jean 1 : 1**). DIEU se soucie de l'usage que vous ferez de lui. Certes il vous donnera de son Esprit pour être conduit dans toute la vérité, mais le problème reste, quel usage ferez-vous de sa parole. Car il dit qu'on ne donne pas les choses saintes au chien (**Matthieu 7 : 6**). Le peu que vous saviez avant que son Esprit ne vous conduise en eau profonde avec lui, qu'en faites-vous ? Sur les portes, sur les véhicules, sur internet, sur des banderoles, sa parole est écrite partout. La considérez-vous ou la banalisez-vous ?

Quel usage faites-vous de la Parole ?

La bible est le nom que les hommes ont donné à la Parole de DIEU. Le nom connu et donné par DIEU est « le Livre de la Loi ». Pourquoi le livre de la loi, parce que notre monde est régi par les lois dites universelles. Par exemple la loi universelle veut que quand il pleut, l'eau quittant au ciel mouille tout ce qui se trouve sur son passage. Donc que vous soyez chrétien ou pas si vous vous trouvez sur son passage vous serez mouillé. Heureusement que vous pouvez utiliser à votre avantage les lois universelles si et seulement si vous faites bon usage de ce livre. Le livre de la loi est en quelque sorte la notice de l'univers, de la création. Quand vous achetez un appareil pour votre toute première fois, vous vous référez à sa notice pour comprendre son fonctionnement et savoir mieux l'utiliser. Il en est aussi de DIEU et de sa création. La loi est souvent utilisée par nous les humains à un endroit spécifique, au tribunal ou au palais de justice. Or si DIEU nous intime l'ordre de l'utiliser constamment (**Josué 1 : 8**) c'est que nous nous trouvons dans une sorte de tribunal. Satan ne pouvant plus nous accuser auprès de DIEU, nous affronte directement et très souvent en s'appuyant sur le livre de la loi. Que faites-vous de la parole de DIEU ? Comment l'utilisez-vous ? Car vous serez justifié par vos paroles, et par vos paroles vous serez condamné (**Matthieu 12 : 37**). Prenons deux exemples et voyons comment chacun l'a utilisé. Commençons par le cas « *couple Adam contre Satan à Éden* ». Satan attaque le couple avec la parole de DIEU une première fois, le couple riposte aussi avec la parole de DIEU obligeant Satan à contre-attaquer avec ruse. Par manque de connaissance de la parole, le couple se laisse séduire par les paroles de Satan qui s'était présenté sous la forme d'un serpent, oubliant d'exercer son autorité sur cet animal car la parole lui en donnait le plein droit. Le couple est tombé dans le pécher parce qu'il n'utilisa pas bien la parole de DIEU (**Genèse 3 : 1 – 6**). L'autre cas est celui de « *Jésus contre Satan au désert* » Satan attaque en premier comme toujours. Et avec la parole Jésus fait sa défense jusqu'à ce que Satan soit en manque d'arguments et de stratégies pour abandonner cette bataille. Il venait d'être vaincu par Jésus (**Matthieu 4 : 3 – 11**). Nous voyons que dans le premier cas Adam a échoué parce qu'il n'utilisa pas la parole comme il se devrait. Tandis que dans le second cas Jésus a triomphé parce qu'il utilisa la parole comme il se devrait, en mettant chaque article à sa place. En sa qualité de DIEU, il pouvait faire usage d'autres moyens pour se défaire de Satan, mais il s'appuie sur le livre de la loi pour faire sa défense car c'est le moyen légitime et loyal dont nous disposons pour nous défendre. Et nous, avons-nous recours à la parole de DIEU lorsque Satan se présente à nous sous diverses formes dans notre vie quotidienne ? Voila ce que dit la loi concernant sa Parole dans **Nombres 23 : 19** « *Dieu n'est point un homme pour mentir, Ni fils d'un homme pour se repentir. Ce qu'il a dit, ne le fera-t-il pas? Ce qu'il a déclaré, ne l'exécutera-t il pas?* »

et dans **Esaie 55 : 11**

« *Ainsi en est-il de ma parole, qui sort de ma bouche: Elle ne retourne point à moi sans effet, Sans avoir exécuté ma volonté Et accompli mes desseins.* »

Pourquoi quand nous avons parfois recours à sa parole le résultat est différent ? Parce que nous l'utilisons mal. Nous ne remplissons pas certaines conditions avant de l'utiliser. Prenons ces quelques exemples et voyons de nous même. La loi dit que le juste se relève quand il tombe à cause des embuches (**Proverbes 24 : 15 – 16**).

«*Ne tends pas méchamment des embûches à la demeure du juste, Et ne dévaste pas le lieu où il repose; Car sept fois le juste tombe, et il se relève, Mais les méchants sont précipités dans le malheur.* »

Cette loi ne marche pas, par moment avec nous, pas parce que DIEU ment ou que les anges du ciel sont trop occupés pour nous secourir, mais parce qu'au moment ou nous appliquons cette loi sur notre cas, nous ne sommes plus juste. Voila encore une loi qui en principe devrait marcher du premier coup parce que nous sommes chrétien comme nous aimons bien le pensé. **Esaie 54 : 17**

« Toute arme forgée contre toi sera sans effet; Et toute langue qui s'élèvera en justice contre toi, Tu la condamneras. Tel est l'héritage des serviteurs de l'Éternel, Tel est le salut qui leur viendra de moi, Dit l'Éternel. »

Non et non, cette loi s'applique aux serviteurs de DIEU pas aux chrétiens de dimanche, encore moins aux croyants. Pour jouir des bienfaits de cette loi soyez au service de DIEU. Placer les chaises, nettoyer le temple, recevoir les nouveaux, évangéliser, sont par exemple des choses qui font de vous un serviteur de DIEU donc bénéficiaire de cette loi. Bien évidemment les personnes exerçant dans leur ministère jouissent déjà d'elle. Je vais vous partager un de mes témoignages avant de continuer afin de vous montrer la fidélité de DIEU à sa parole.

Un matin pendant que je me rendais à mon lieu de travail. Qui se trouvait dans le port d'Abidjan à Treichville et moi j'habitais à Koumassi remblais. Le travail commençais à 7 heures 45 minutes, mais la direction tient tous les matins une réunion à 7 heures 30 minutes avec des informations que je devrais fournir aux différents directeurs et chefs de services. Or je recevais ma dernière information à 7 heures 00 minute. Avec la distance qui me séparait de mon lieu de travail j'avais décidé d'aller très tôt pour ne pas courir le risque d'arriver en retard à cause de la rareté des taxis communaux. En véhicule j'ai au plus 30 minutes pour arriver au travail, mais à pied j'en ai pour une à deux heures de marche. Je sortais donc chaque 4 heures du matin et tout doucement je partais au travail pour arriver à 6 heures moins. C'est comme cela un matin après ma prière, j'arpente les ruelles et arrivé à la rue de la pharmacie canal qui débouche sur l'école la rochelle, et mesure environs 200 mètres. J'étais en pleine rue quand j'aperçois sept jeunes hommes, le Saint Esprit me dit que se sont des voleurs puis se tait. Je venais de parcourir au moins 150 mètres et entre eux et moi il y avait moins de 30 mètres. Je ne pouvais donc pas revenir sur mes pas. Je continue mon chemin comme si de rien était. Ils s'étaient partagés la rue trois de chaque cotés et un en retrait, une fois à leur niveau, ils ont formés un cercle et moi j'étais au milieu avec ma petite taille. Aussitôt comme des policiers ils se sont mis à me fouiller et prendre tout ce que j'avais. J'avais un sac en bandoulière et pendant qu'un le tâtait, il a dit c'est une bible. Effectivement c'était une bible mais il était impossible de s'en rendre compte par le simple touché car elle était entre mon portefeuille et mon stylo feutre qui me sert à tracer dans ma bible. Après avoir dit que c'est une bible, un autre a dit c'est un pasteur. Et je suppose, leur chef qui a demandé qu'on me remette mes choses. Ils m'ont tout remis et ont même demandé que je prie pour eux car ils désirent quitter cette vie. Séance tenante j'ai tenu un par la main et j'ai prié pour eux. Puis ils ont continués leur chemin et moi la mienne. Après leur départ j'ai réalisé ce qui venait de m'arriver, j'ai pris peur. Je me suis même fâché contre le Saint Esprit parce qu'il pouvait me faire prendre un autre chemin et ne l'a pas fait. Car une semaine avant cet incident il m'avait permis d'éviter de me faire agresser par des drogués au carrefour de l'Église Sainte Bernadette de Marcory en me faisant prendre la route du grand marché. Pour me répondre il a cité le **Psaume 23 : 4** « <u>Quand je marche dans la vallée de l'ombre de la mort, Je ne crains aucun mal, car tu es avec moi; Ta houlette et ton bâton me rassurent</u>. » et le **Psaume 91 : 12** « <u>Ils te porteront sur les mains, De peur que ton pied ne heurte contre une pierre</u>. » La peur et la colère m'avaient tellement envahit que je ne répondais pas à la causerie du Saint Esprit. De Koumassi à Treichville se fut un calme plat. Vers 10 heures quand j'avais retrouvé mon calme au bureau, avec une belle assurance le Saint Esprit a bien voulu me faire savoir que même des églises se font braquer et parfois en plein culte, des hommes de Dieu se font tuer. Mais moi, le titre pasteur n'est pas écrit sur mon front et j'ai été épargné par sept gaillards. Tout simplement parce que je suis son oint et qu'il me montre aussi l'un des mes fardeaux.

Sans même que je n'ai eu recours à elle par la prière, la loi de DIEU s'est systématiquement activée pour moi. La parole de DIEU est une épée à double tranchant (**Hébreux 4 : 12**). Au tant on l'utilise pour notre défense, elle peut aussi nous blesser profondément si nous la tenons mal. Faisons attention aux proclamations dans nos communautés parce que Satan qui maitrise parfaitement la loi n'hésitera pas à se servir de ces proclamations si nous ne sommes pas en conformités avec elles. Une proclamation c'est lorsque nous répétons les paroles de notre berger ou une tierce personne sous forme de prière. Même les cantiques que nous chantons pour glorifier DIEU peuvent par moment nous créer des soucis. Prenons le cantique de **William McDowell** ''I Give Myself Away'' traduit en français ''Je me livre totalement''. En voici un extrait : « *Je me livre totalement, tu peux m'utiliser. Me voici devant toi, ma vie est entre tes mains, je veux voir tes désirs se révéler en moi Seigneur...* » Quand Satan nous voit mener une vie contraire après avoir chanté un tel cantique si merveilleux, il ne peut que se réjouir. Parce que nous nous condamnons nous-mêmes. Vous ne pouvez livrer votre vie à Jésus et la seconde après vivre dans le péché. DIEU va même plus loin en nous interdisant la plaisanterie. C'est avec de bonnes intentions que nous plaisantons, pour offrir un sourire à quelqu'un, lui remonter le moral. Malgré notre bonne intention DIEU dit que c'est mal. **Éphésiens 5 : 4**

« *Qu'on n'entende ni paroles déshonnêtes, ni propos insensés, **ni plaisanteries**, choses qui sont contraires à la bienséance; qu'on entende plutôt des actions de grâces.* »

Pour notre propre bien DIEU veut que nous fassions bon usage de sa parole et que nous sanctifiions notre bouche.

Maintenant que nous savons que DIEU est dans sa parole et elle s'active systématiquement quand le processus est enclenché, il nous faut impérativement l'utiliser avec son aide. Comme Christ nous a promis de nous envoyer de son Esprit afin d'être enseigné et conduit dans toute sa vérité, et que son Esprit est déjà là, il y va de notre bien de l'utiliser sans modération ? Du moins si nous l'avons. Avez-vous le Saint Esprit, comment le savez-vous ?

Avez-vous son Esprit ?

Vous ne pouvez prétendre être enfant de DIEU si vous n'avez pas son Esprit et si vous ne vous laissez pas conduire par lui (**Romains 8 : 14**). Je ne vous parlerais pas du Saint Esprit dans les moindres détails, non, mais ensemble nous essayerons de voir si vous avez le Saint Esprit et aussi voir si avec le Saint Esprit en vous, vous pourrez éviter l'enfer. L'Église à 80% nous enseigne que pour savoir si vous avez le Saint Esprit, il faudrait que vous parliez en langues. Car le 'parler en langue' est le langage du Saint Esprit. Pour soutenir cette thèse, elle se réfère à l'effusion du Saint Esprit au jour de la pentecôte. Revoyons ensemble ce qui s'est passé ce jour là (**Actes 2 : 1 – 18**). Ce texte nous enseigne que lorsque les disciples étaient assemblés, ils ont reçu le Saint Esprit comme promis par le Christ et annoncé par le prophète Joël. Les personnes qui étaient témoins de cette scène étaient des adorateurs du DIEU Très Haut, des personnes pieuses. Elles étaient surprises d'entendre les merveilles de DIEU dans leur langue maternelle car elles les connaissaient. Et c'est à cause des merveilles de DIEU qu'elles se trouvaient à Jérusalem pour adorer le Saint des Saint, YESHUA. Donc ce « parler en langue » n'était pas le langage du Saint Esprit au quel cas ces personnes n'auraient rien compris bien qu'étant pieuses et connaissant DIEU (**I Corinthiens 14 : 2**). Comme Paul le signifie le « parler en langue » n'est pas édifiant pour l'Église à moins qu'il ne soit traduit. Nous parlons en langue par notre esprit pour glorifier l'Éternel des Armées seulement notre âme ne peut sonder ces mystères. Le « parler en langue » fait partie des nombreux dons du Saint Esprit. Rechercher forcement le « parler en langue » nous pousse à poser des actes qui fâche le Saint Esprit. Or DIEU demande de ne pas l'attrister (**Éphésiens 4 : 30**). On attriste parfois le Saint Esprit quand on refuse de reconnaitre en nous ces manifestations. J'ai été choqué et surpris par des enfants de DIEU de se refuser d'avoir le Saint Esprit parce qu'ils ne parlent pas en langue, tandis qu'ils ont le fruit de l'Esprit. Il est impossible d'avoir un fruit sans avoir accès à son arbre (**Galates 5 : 22**). En plus d'avoir le fruit de l'Esprit, ils manifestent certains dons (**I Corinthiens 12 : 8 – 11**). Le fait de rechercher constamment le « parler en langue » afin de vous convaincre que vous avez le Saint Esprit vous fait courir un danger. Celui de ne pas reconnaitre sa présence à vos cotés, ainsi vous pouvez remettre en doute les directives qu'il vous donne et vous ne chercherez pas à faire pleinement sa volonté. La volonté de DIEU est que vous soyez rempli du Saint Esprit, comment pouvez-vous être rempli si vous doutez de sa présence à vos cotés. Le Saint Esprit est une personne qui vit comme vous et moi. Et toute relation ne peut subsister que par la communication. Parlez-lui et soyez attentif à ce qu'il vous dit aussi. Le Saint Esprit en vous, vous ferra éviter l'enfer.

Selon vous quel feu brûle en enfer ?

Quel feu brûle en Enfer ?

Cette question peut sembler idiote et dépourvue de sens. Mais n'empêche qu'elle a trottinée un temps soit peu dans ma tête. La bible a-t-elle la réponse à cette question ? Ensemble essayons de voir ce qu'elle dit à ce propos. Si elle parle de feu, quel usage DIEU en fait et quelle place occupe-t-elle pour DIEU. Les premières personnes à utiliser le feu sont les hommes lors de la construction de la tour de Babel (**Genèse 11 : 3**). On peut constater que le feu entre les mains de l'homme à servir à concrétiser un projet. Sans le feu, il n'y aurait pas de briques, donc pas de tour de Babel. On voit aussi que le patriarche Abraham utilise le feu pour faire une offrande à DIEU (**Genèse 22 : 6**). Pour les offrandes, DIEU même donne des indications à son peuple (**Lévitique 1 : 1 – 7**). Pour qu'une offrande monte à DIEU et qu'elle soit agréable, il faudrait qu'elle passe par le feu. Quel rapport entre DIEU et le feu ? Exode nous dit que DIEU est dans le feu (**Exode 3 : 1 – 2**). Pour être avec son peuple et le guider dans la traversée du désert, il prenait par moment la forme de feu (**Exode 13 : 21, Exode 14 : 24**). DIEU est, ou se trouve dans le feu. Le prophète Elie vient soutenir notre argumentation qui dit que DIEU est le feu, ou DIEU se caractérise par le feu. Nous voyons cela en **I Rois 18 : 24**. L'Éternel a répondu par le feu, pour dire qu'il est DIEU (**I Rois 18 : 38**). Vous me direz certainement que DIEU n'est pas le feu, je peux partager cet avis avec vous car **I Rois 19 : 12** nous dit que DIEU pendant sa rencontre avec Elie ne se trouvait pas dans le feu. Mais pourquoi le feu était sur le lieu de leur rendez-vous ? Le feu et DIEU sont deux choses indissociables. J'ouvre cette parenthèse pour étayer mes propos. Dans un noir total et obscur, si vous allumez une allumette qu'obtiendrez-vous ? De la lumière. Or la bible dit en **Jean 1 : 1 – 12** que la lumière est DIEU. Et comme le feu produit la lumière, on dira sans exagérer que DIEU est le feu. Nous avons vu que le feu sert à faire des offrandes de bonnes odeurs et agréables à DIEU, à donner naissance à des projets, et à châtier aussi. **Genèse 19 : 22 - 25** et **Daniel 3 : 17 – 25**, ici nous avons deux histoires où le feu est utilisé comme moyen de répression. Lot a été envoyé dans un endroit pour ne pas être brulé tandis que les compagnons de Daniel ont eu le soutien de DIEU dans la fournaise qui a tué ceux qui les y avaient jetés. Depuis notre lecture des Saintes Écritures, il n'y a pas de distinction de feu. Seulement différente intensité de feu. Le feu pour les offrandes a une intensité différente de celle de la fournaise. Lisons apocalypse pour répondre à notre question de savoir quel feu brule en enfer.

Apocalypse 20 : 11 – 15

« *Puis je vis un grand trône blanc, et celui qui était assis dessus. La terre et le ciel s'enfuirent devant sa face, et il ne fut plus trouvé de place pour eux. Et je vis les morts, les grands et les petits, qui se tenaient devant le trône. Des livres furent ouverts. Et un autre livre fut ouvert, celui qui est le livre de vie. Et les morts furent jugés selon leurs œuvres, d'après ce qui était écrit dans ces livres. La mer rendit les morts qui étaient en elle, la mort et le séjour des morts rendirent les morts qui étaient en eux; et chacun fut jugé selon ses œuvres. Et la mort et le séjour des morts furent jetés dans l'étang de feu. C'est la seconde mort, l'étang de feu. Quiconque ne fut pas trouvé écrit dans le livre de vie fut jeté dans l'étang de feu.* »

Ces textes nous disent que cela est la seconde mort. Or la bible nous dit que les enfants de DIEU sont exempts de cette seconde mort (**Jean 5 : 24**). DIEU est-il injuste ? Loin de là.

Pourquoi celui qui écoute la parole de DIEU et croit en lui ne vient plus en jugement ? Tout simplement parce que comme nous l'avons vu en **Jean 1 : 12** nous sommes devenus enfant de DIEU. Or comme le feu sert de moyen de châtiment en enfer, pour ne pas séjourner en enfer, il faudrait que ce feu soit en nous. Et c'est ce que DIEU fait en **Actes 2 : 1 – 4** avec l'envoi de son Esprit Saint. Mieux notre corps devient la demeure de DIEU (**I Corinthiens 3 : 10 – 17**). Bienaimé la bible nous dit que le feu est utilisé par DIEU pour éprouver tout homme. Si pendant votre vie sur cette terre, le feu vous trouve juste vous n'irez pas à l'enfer, sinon vous irez dans ce lieu de tourments. Ne vous laissez pas flatter par vos œuvres même si par moment vous ressuscitez les morts par le nom de Jésus. Si votre œuvre n'est pas le fruit du Saint Esprit. Vous serez surpris au dernier jour. Vous ne pouvez avoir le Saint Esprit et aimez les plaisirs de ce monde. Vous avez encore la possibilité de faire un choix. Car Jésus est formel et dit : « *Ceux qui me disent: Seigneur, Seigneur ! N'entreront pas tous dans le royaume des cieux, mais celui-là seul qui fait la volonté de mon Père qui est dans les cieux. Plusieurs me diront en ce jour-là: Seigneur, Seigneur, n'avons-nous pas prophétisé par ton nom ? N'avons-nous pas chassé des démons par ton nom? Et n'avons-nous pas fait beaucoup de miracles par ton nom ? Alors je leur dirai ouvertement: Je ne vous ai jamais connus, retirez-vous de moi, vous qui commettez l'iniquité.* **Matthieu 7 : 21 – 23**»

Romains 12 : 1 « *Je vous exhorte donc, frères, par les compassions de Dieu, à offrir vos corps comme un sacrifice vivant, saint, agréable à Dieu, ce qui sera de votre part un culte raisonnable.* »

Le Saint Esprit en vous, vous permettra de vous offrir à DIEU qui vous acceptera et vous comblera de son amour.

Jésus dans **Matthieu 5 : 13 – 17** nous dit que nous sommes la lumière du monde et que nous devrons éclairer tout le monde. En un mot nous devrons montrer notre lueur aux autres. A qui montrons-nous notre gloire ? Qui invitons-nous à nos festivités, et comme nous parlons mariage alors qui serons vos invités le jour du mariage ?

Qui inviterez-vous au mariage ?

A moins d'être limité dans notre budget et pris par des contraintes, très peu de personnes rêvent d'un mariage à quatre. Encore moins la mariée. Ici l'époux veut avoir une grande fête en ce jour de joie, alors il souhaite avoir beaucoup d'invités, une multitude de personnes, grands comme enfants. Surtout les gens du dehors afin de montrer sa richesse et son amour pour son épouse. Il nous donne cet ordre dans **Marc 16 : 15**

« Puis il leur dit: Allez par tout le monde, et prêchez la bonne nouvelle à toute la création. » Cette bonne nouvelle est que tous parviennent au salut de leurs âmes par Jésus Christ. Notre Père Céleste, l'Éternel des Armées, ne veut pas que nous convainquons les invités de notre frère et que nous les présentons à la cérémonie comme étant les nôtres sous prétexte que notre frère ne saura pas prendre soin d'eux pendant les festivités. Je vais faire simple pour me faire comprendre. DIEU ne veut pas que vous dépouillez les fidèles d'une communauté sœur pour remplir la vôtre sous prétexte que votre berger est puissamment utilisé par DIEU, ou que votre communauté est dans la vérité des Saintes Écritures. Nous les évangéliques avons tendance à indexer les catholiques, parce qu'ils ont recours aux hommes faits saints et à la défunte mère de Jésus dans leur prière, qu'ils vont jusqu'à ériger des statuettes et autres représentations angéliques croyant ainsi plaire à DIEU. Ils sont certes dans l'erreur selon notre jugement basé sur les Saintes Écritures (**Exode 20 : 44** ; **Jérémie 17 : 5**). Oui ils sont dans l'erreur selon les Saintes Écritures, mais est ce à nous de porter un jugement sur l'œuvre du Seigneur (**Romains 14 : 4**). En jugeant ne transgressons-nous pas la loi ? Que devons-nous donc faire ? DIEU voudrait que nous priions les uns pour les autres. Surtout de soutenir ceux que nous pensons être faibles dans la foi (**I Thessaloniciens 5 : 14**). Nous devrons prier afin que DIEU se révèle à eux dans toute sa vérité et lorsque leurs bergers ouvriront la bouche, ils puissent l'annoncer fidèlement (**Éphésiens 16 : 19**). J'ai pris mon exemple sur nos

frères catholiques pour mieux me faire comprendre. Cette guerre de détention de la vérité absolue se passe dans notre sein aussi, sinon on ne serait pas à avoir une multitude de communauté. Qui serons donc nos invités ? Jésus nous demande d'inviter les gens qui sont dehors car certaines de ses brebis sont errantes dans le monde (**Jean 10 : 16**). Attention, il y a un détail à ne pas omettre, on parle de mariage, or pour tout mariage qui se respecte, il y a un ''dress code''. Les invités devront donc se mettre dans les couleurs du mariage. Qu'adviendra-t-il si un invité ne respecte pas le ''dress code'' ? Il sera simplement et purement mis dehors (**Matthieu 22 : 11 – 13**). Évangéliste que nous sommes, nous le sommes tous par ordonnance divine avant d'en faire un ministère particulier, avons le devoir de communiquer aux invités le ''dress code''. Quand nous présentons Christ, nous le présentons comme notre ''assurance vie terrestre'' ou notre ''assurance vie céleste''. L'invité sera vêtu au jour du mariage en fonction de l'évangile que nous lui aurons prêché. Son accès à la salle des convives dépend en partie de l'information que nous lui donnons. Prenons donc garde de bien distribuer nos cartes d'invitations.

Une fois nos invités prêts, nous pouvons nous rendre au mariage. Mais il serait triste d'assister à un mariage où la mariée n'aime pas son futur époux. Avant de déplacer les convives à cette cérémonie êtes-vous certains d'aimer votre Seigneur ?

Église m'aimes-tu ?

L'amour est un mot que nous utilisons bien souvent pour dire notre attachement à une personne. Comment cette personne peut être certaine que nous lui disons la vérité. Simplement en observant les actes que nous posons envers elle. Jésus aussi comme preuve de notre amour pour lui, désire que nous gardions ces commandements et les pratiquions (**Jean 14 : 21**). Tout mariage qui n'est pas basé sur l'amour, est soit un mariage forcé, arrangé ou de complaisance. Or DIEU désire un mariage basé sur un amour réciproque et vrai. Sachez qu'il vous aime. Et vous, l'aimez-vous ? Votre mariage ne peut être possible que si vous l'aimez. Regardez les actes que vous posez et jugez de vous-même si vous l'aimez ou pas. Quel rapport avez-vous avec votre prochain, votre ami, mieux votre ennemi ? Votre relation avec autrui glorifie-t-elle son saint nom ? Vous souciez-vous de son image quand vous posez un acte dans sa maison. Le jour du mariage est plus proche que vous ne le pensez, et il vous veut épris d'amour pour lui. Serez-vous cette épouse qui ne vit que pour lui ?

Le jour du mariage

Pour ce qui est du jour et de l'heure, personne ne le sait, ni les anges des cieux, ni le Fils, mais le Père seul. Bien que le jour du mariage ne soit connu, n'empêche que nous devrions nous apprêter pour ce jour grand et glorieux où nous rencontrerons notre époux. Le mariage se fera avec celle qui sera prête, celle qui aura su veiller et préparer sa lampe (**Matthieu 25 : 10**). Tu ne pourras qu'être prête en apprenant à lui être agréable afin que son choix se porte sur toi, Église. La parole de DIEU vous sanctifie si vous l'obéissez et la pratiquez fidèlement. Pouvons-nous accéder à cette parole ! Oui, parce que *ce commandement que je te prescris aujourd'hui n'est certainement point au-dessus de tes forces et hors de ta portée. Il n'est pas dans le ciel, pour que tu dises: Qui montera pour nous au ciel et nous l'ira chercher, qui nous le fera entendre, afin que nous le mettions en pratique ? Il n'est pas de l'autre côté de la mer, pour que tu dises: Qui passera pour nous de l'autre côté de la mer et nous l'ira chercher, qui nous le fera entendre, afin que nous le mettions en pratique ? C'est une chose, au contraire, qui est tout près de toi, dans ta bouche et dans ton cœur, afin que tu la mettes en pratique.*

Quand vous passerez au peigne fin votre relation avec l'Éternel des Armées, vous saurez ce qui lui ait agréable vous concernant. Les exigences faites à autrui seront différentes des vôtres simplement parce que vous n'avez pas le même appel au sacerdoce. Cet ouvrage n'est rien d'autre qu'une brèche faite sur la volonté de DIEU de se trouver une Église sans tâches ni rides pour Épouse.

Recherchons sans cesse sa volonté afin d'être cette épouse tant désirée par l'Eternel des Armées, le Saint d'Israël.

Qui est l'auteur ?

Je ne nomme KOUOTO Zahui Hervé, né le 14 Avril 1981 à Abidjan en Côte d'ivoire.

Je suis chrétien évangélique depuis mon baptême en 2007. Né d'une famille chrétienne catholique de 4 enfants, je fais mes classes dans les établissements catholiques. Où je vois toute mon éducation être forgée sur les enseignements religieux.

Après plusieurs réticences, je me mets au service de mon père, l'Eternel des Armées. DIEU ne cesse de me montrer son infini amour pour moi et mes frères, et désire que tous ses enfants reviennent à lui d'un cœur sincère. Je me ferais un plaisir de répondre à vos questions, remarques et préoccupations. + 225 05 81 21 91 / + 225 07 85 95 00 / herve.zahui@notrebible.com

Oui, je veux morebooks!

I want morebooks!

Buy your books fast and straightforward online - at one of the world's fastest growing online book stores! Environmentally sound due to Print-on-Demand technologies.

Buy your books online at
www.get-morebooks.com

Achetez vos livres en ligne, vite et bien, sur l'une des librairies en ligne les plus performantes au monde!
En protégeant nos ressources et notre environnement grâce à l'impression à la demande.

La librairie en ligne pour acheter plus vite
www.morebooks.fr

OmniScriptum Marketing DEU GmbH
Heinrich-Böcking-Str. 6-8
D - 66121 Saarbrücken
Telefax: +49 681 93 81 567-9

info@omniscriptum.com
www.omniscriptum.com

www.ingramcontent.com/pod-product-compliance
Lightning Source LLC
Chambersburg PA
CBHW020809160426
43192CB00006B/505